福祉・介護の職場改善

会議・ミーティングを見直す

株式会社
川原経営総合センター［監修］
大坪信喜［著］

実務教育出版

はじめに

筆者は、特別養護老人ホームや介護老人保健施設などの高齢者施設に勤めた後、川原経営総合センターで15年間、福祉・介護業界に特化した経営コンサルタントをしています。

また、社会福祉協議会や介護労働安定センターなどが主催する講演会やセミナーの講師として、毎年日本各地でお話をさせていただいています。

このような仕事柄、社会福祉法人の理事長や介護事業所の経営者、また、福祉・介護施設の施設長や介護事業の事業部長といった経営管理者の方々にお会いする機会が多々あります。

そのような場でよくお聞きするのは、「組織の方針や目標というものが、なかなか現場に落ちない」、また、「現場の職員が経営ということを理解してくれない」という話です。

一方、職員の方々からは、「上は現場の大変さがぜんぜんわかっていないし、現場で人が足りないことをなかなか理解してくれません」といった不満の声を聞くことも少なくありません。
こうした経営層と現場と（労使間）の意識やコミュニケーションのギャップというものが、いま多くの福祉・介護の職場で課題となっています。

意思疎通がうまくいかないのは、組織の理念や方針、目標を浸透させる場として、会議やミーティングがうまく活用されていないことがその一因ではないかと、筆者は考えています。

一方で現場の職員は、日々の利用者サービスのかたわら、多くの会議やミーティングに出席しています。しかし、そこで話し合われる内容や会議の進め方を見ていると、正直言って、話し合いや議論のイロハがわかっていないのではないかという疑問を日頃から感じています。

そして時間ばかりが浪費される結果、現場では人が足りない、忙しくて休憩も取れない、手薄になった時間帯で事故が発生するという悪循環につながっているように思えます。

職場のみんなが、もう少し会議やミーティングの重要性を認識し、現状を見直し、問題点を改善すれば、上下間だけでなく、職員どうしの横の意思疎通も図られ、職場内の風通しがもっともっと良くなるのではないかと考え、本書を執筆しました。

筆者のコンサルティング先の多くは、社会福祉法人・施設です。具体的には、特別養護老人ホーム、介護老人保健施設、ケアハウス、養護老人ホーム、デイサービス、訪問介護事業所、居宅介護支援事業所などから、知的障害者や身体障害者を対象とした障害者施設・事業所、さらには保育所まで、多岐にわたります。

また最近では、コンサルティング先に株式会社や生活協同組合などが経営しているデイサービスや訪問介護事業所、グループホーム、有料老人ホームなども増えてきました。

本書は、多くの施設・事業所を訪ねて実際に見聞きし、経験した内容を踏まえて執筆しています。

したがって、こうした施設の施設長や管理者、さらには現場のリーダー層の方々に読んでいただければ、自分たちが行っている会議やミーティングの問題点や改善すべき点を、よりリアルに感じ取っていただけると思います。

本書をお読みいただき、会議やミーティングの進め方、決定した結論を速やかに職場に浸透させる方法などを学んでいただくことで、職場内のコミュニケーションが良くなり、ひいては生産性の向上や利用者サービスの向上につながれば、筆者として何よりの喜びです。

最後に、本書の出版にあたり実務教育出版編集部の島田哲司氏には、企画段階から大変お世話になりました。執筆中も、筆が進まない筆者に根気よくお付き合いいただき、さらには編集上、貴重なアドバイスを多々いただきました。

この場をお借りして厚くお礼申し上げます。

大坪　信喜

平成25年　陽春

福祉・介護の職場改善
会議・ミーティングを見直す

目次

Part 1 どの職場でも見られる会議・ミーティングの問題点

Part 4 実りある会議にするための司会進行役の役割、出席者の心得

Part 5 福祉・介護の職場で行われる主な会議の実施ポイント

【コラム】

装幀者・宮川和夫事務所
装幀イラスト・内田コーイチロウ
本文イラスト・海老原直美

Part 1

どの職場でも見られる会議・ミーティングの問題点

福祉・介護の施設や事業所で日々行われている会議やミーティング。その運営実態は一般企業にくらべてさまざまな問題を抱えています。

Part 1 では、その問題点を具体的に浮き彫りにするとともに、効率的、生産的に会議を進められない要因について探っていきます。

① 会議に費やされる時間とコストを考えたことがありますか?

●ある特別養護老人ホームで行った職員の業務量調査

福祉・介護の職場では、朝礼や朝夕の現場での申し送り、ケースカンファレンス、職員会議、リーダー会議、入所判定会議等々、多くの会議やミーティングが行われています。

いったい、こうした業務にどれくらいの時間をかけているか、考えてみたことがあるでしょうか。

筆者は以前、ある特別養護老人ホームに勤めていましたが、職員の業務内容や手順に非効率な部分が多々見受けられたため、「業務量調査」を実施したことがあります。

この施設では、50名の利用者に対して日中15名の介護職員が対応していました。調査は、ある1日この日勤者15名が、朝8時30分から夕方5時30分まで、何の業務にどれだけの時間を費やしたかをストップウオッチで計測するという方法で行いました。

業務別に集計した調査結果を左ページに紹介します。

●業務の１割は会議・ミーティング！

1日実働8時間（480分）
勤務の日勤者の業務内訳

一番時間をかけている業務は「食事介助」で全業務時間の20％。二番目が「入浴介助」と「排せつ介助」でそれぞれ12％。そして、その次に時間を費やしている業務が「会議・ミーティング」の10％でした。

1日実働8時間（480分）勤務なので、日勤者全員が平均して50分弱を会議や申し送りのようなミーティングに費やしていることになります。

筆者はその後、この結果を講演やセミナーで紹介したり、また他の施設の実態なども見てきましたが、一般的な特別養護老人ホームの介護職員の業務として、平均的な数字ではないかと考えています。

●会議のコストパフォーマンスを考える

本来なら利用者へのサービスに費やされるべき時間を、あえて会議の時間として設定しているわけですが、それが、サービスの向上や組織運営上の課題解決のためといった目的をきちんと果たしていれば、けっしてムダな時間ではないでしょう。

しかし、会議の目的が不明確だったり、効率的に運営されていなければ、施設や事業所にとって、とても貴重な時間や人的資源をロスしていることになります。

どの職場でもありがちですが、組織運営上何か改善の必要が出てくると、安易に「○○対策会議」とか「△△委員会」といった会議体が設置されます。

しかし、会議の目的が十分に吟味されていなかったり、メンバーの顔触れも従来からある会議とほとんど変わらなかったりして、結局会議の数が増えただけで何ら成果を生まないということも少なくありません。

たとえば、年収400万円の職員の給料を時給に換算すると、およそ2000円ですが、そうした職員が10人集まって、2時間会議を行ったとしましょう。その場合、職員の給料だけでも2000円×10人×2時間で4万円かかっています。

この4万円のコストをかけた会議によって、それ以上の成果を生むか、それとも雑談で終わってしまい4万円をムダ遣いしてしまうかでは、きわめて大きな違いです。

会議を考える場合、こうしたコストパフォーマンスの観点が重要です。

●会議が経営資源のムダ遣いになっていないか

福祉・介護の施設や事業所の収入は、税金や介護保険料といった公費で賄われています。会議でムダな時間や人的資源が使われているとしたら、公費のムダ遣い、社会的、経済的な損失ということになってしまいます。

会議に限らず、こうした非効率なマネジメントを行っている施設・事業所は、えてしてムダなところが多く、経営状況も芳しくありません。

経営状況を示すものとして決算がありますが、決算は年間を通じて何をしたか、何をしなかったかが、そのまま数字となって表れるものです。極論すれば、ただそれだけです。そう考えると、貴重な時間を使って会議を行う以上、必ず成果を出すという心構えが求められます。会議の前と後で組織の運営に何の変化もないのであれば、会議を開いて、単に時間や人材といった経営資源を浪費しただけということになってしまいます。

●借りたり買ったりできない「時間」という経営資源

事業経営においては、「ヒト・モノ・カネの3つの資源を有効に活用しなければならない」とよく言われますが、さらに「トキ（時間）」という第4の経営資源を忘れてはいけません。

時間は、すべての人や組織に平等に与えられている資源で、使い方によっては黄金を生み出すこともあれば、ガラクタさえ生み出さないこともあります。

また、ヒト・モノ・カネは、採用したり、買ったり、借りたりすることで補充できますが、時間は、忙しいからといって他から借りてきたり、買ったりすることができません。

この貴重でかつ特殊な資源を、目的達成のためにいかに有効活用するかが、事業経営はもちろんのこと、あらゆる活動において成否を分けるカギと言っても過言ではありません。

●投下した経営資源に見合った会議のアウトプットを

② 福祉・介護の職場の会議で よく目にする10の問題点

●職場の会議の問題点を洗い出してみる

いま自分たちの職場で行われている会議やミーティングでは、時間や人材が有効に使われているでしょうか。まずその実態を調べ、問題点を洗い出すことが大切です。

ここで、筆者が福祉・介護の施設や事業所でよく目にする会議の問題点を以下にあげてみます。心当たりはないでしょうか。

❶そもそもその会議を行う目的が明確になっていない。自然発生的にできて、惰性でそのまま続けている会議が多く、経営環境の変化に応じて会議を再整理するということがない。

❷会議に出席すべきメンバーか否かの吟味がされていない。結果、必要な人が抜けていたり、逆に会議の目的もよくわからないようなメンバーが参加してい

る。
❸予定された時間に始まらない。予定された時間に終わらない。
❹議案がないことが多い。
❺前回の会議の議事録が確認されない。
❻一方通行の会議が多く議論に発展しない。発言する人と話を聞きながら黙々とメモを取っているメンバーに分かれる。
❼出席メンバーの当事者意識が低い。意見を求められても何ら建設的な意見が出てこない。あるいは、目的と関係ない私見が延々と述べられる。
❽現場の仕事を引きずって、遅刻や途中離席・退出が頻繁。議長・司会者はこうした人に対して何も注意しない。
❾議長・司会者が〝落としどころ〟をもって会議を運営できていないため、話がどんどんずれて行き、最後は雑談になってしまうことも多い。
❿せっかく結論が出ても、それが現場に速やかに周知されず、その結果、実践に移されることが少ない。

③ 目的があいまいなまま惰性で続けられている会議が多い

●ただ人が集まっても何かが決まるわけではない

「会議は踊る。されど、会議は進まず」

――これは、ナポレオン戦争の戦後処理を取り決めるために行われたウィーン会議（1814～1815年）の様子を見て、オーストリアの将軍リーニュ公が語った言葉とされています。

会議にはヨーロッパ各国の首脳が集まりましたが、会場となった宮殿では連日盛大な舞踏会が開かれるばかりで、なかなか会議の結論が出ませんでした。

会議は、本来何かを決めるための手段ですが、それがいつのまにか会議を開催して人が集まることそのものが目的となってしまった顕著な例として後世に伝えられています。

自分たちの職場でも、こうした会議の実態はないでしょうか。

福祉・介護の職場で行われている会議やミーティングは、その目的によって大きく2つに分類できます。

一つは、利用者に良質なサービスを提供するために行われる申し送りやケースカンファレンス会議、リスクマネジメント委員会といったものです。

もう一つは、リーダー会議や職員会議、職種間会議といった、スタッフ間の情報共有や現場の業務改善、組織の効率的運営のために行われるものです。

前者タイプの会議は、「利用者へのサービスをどうするか」という目的が明確で、会議の出席メンバーのなかでも、その目的がある程度共有されています。

一方、後者タイプの会議は、目的や役割・機能が明確化されていなかったり、それが会議への出席メンバーに周知・共有されていない場合が多いように見受けられます。

●横並びでどこも同じ会議が設置されている事情

福祉・介護の職場の会議は、だいたいどの職場でも同じようなものが設置されています。

たとえば職員会議は、職場のスタッフ全員参加が基本で、月に1回程度、業務が終わった後、できるだけ多くの人を参加させるために夕方から開催され、職場全体の活動状況を情報共有したり、全体に周知するために開催されています。

また職種会議は、看護師だけ、あるいは介護職だけで利用者情報の共有や職種内の円滑なコミュニケーションを図るために開催されます。

こうした会議は、必要があって設けられたというより、他の多くの施設・事業所で行っているので、そのまま同じ名称、目的で設置されているケースが多いように思われます。

会議が〝横並び〟状態になっている理由として、次のような事情があります。

福祉・介護サービスを提供する施設や事業所は、行政から「事業所指定」という認可を受けなければなりません。その際、所轄の行政に事前に事業計画を提出することになっています。

その計画には、運営理念、利用者に対するサービス提供方針、1日の日課、職員の勤務体制などとともに、内部で開催される会議や委員会などの情報も記入します。

計画を作成する際、多くの施設・事業所は厚生労働省の「開設ガイドライン」を参考にしたり、すでに運営している施設・事業所を参考にするため、どうしても似たり寄ったりの会議や委員会が並ぶことになってしまうのです。

目的があいまいな会議が開かれていないか

こうした事情もあって、「この会議はなぜ設けられたのか」とか、「どういう目的のために開かれるのか」ということがあいまいになっているケースが少なくありません。

●2つのタイプの会議には"温度差"がある

A．利用者のための会議

B．自分たちの組織のための会議

スタッフの入れ替わりが激しいこともあり、会議の目的をいちいち確認しないまま、何となく皆がバラバラの理解で続けられています。

中途採用のスタッフは、前に働いていた職場での会議をイメージして、「だいたいこんなものだろう」と解釈してその会議に出席しています。

こうなると、「会議のメンバーに選ばれたから、この場にいるだけ」というような雰囲気になってしまい、本来の目的から離れた内容について長々と話し合ったり、利用者の噂話に花が咲いて終わりといったことになりがちです。

そもそも、目的もなく人びとが集まっても何も結論は出ません。人数を集めさえすれば何か素晴らしいアイデアが生まれる、自動的に結論が導き出されるというのは幻想にすぎません。

そこには、明確な目的が必要なのです。

④ 組織のヒエラルキーが確立されてなく、管理・統制がなおざりに

●組織を統制する〝縦のライン〟の弱さ

福祉・介護の職場は、メーカーや金融機関などの一般企業にくらべて組織のヒエラルキー（ピラミッド型の組織構造）がしっかり確立されていないところが多いものです。

これが、会議やミーティングを運営するうえで、さまざまな問題点を生み出している根源的な要因と考えらえます。

福祉・介護の世界では、利用者を真ん中において各職種のスタッフ（介護士、看護師、生活相談員、支援員、保育士、ケアマネジャー、栄養士、施設長等）が自分の専門分野の知識・技術を駆使して、利用者に関わる、いわゆる〝横のライン〟の連携が重要視されています。

その結果、横の連携が強調されるあまり、目的に向かって組織を動かすヒエラルキー、〝縦のライン〟の構築がおろそかになっている傾向があります。

前項でも述べたように、会議のなかでも、利用者を中心に据えたケースカンファレンスや

サービス担当者会議等がそれなりにうまく運営されているのは、利用者中心にかかわる〝横のライン〟がある程度できているからでしょう。

一方、組織の運営管理と密接に関係するリーダー会議や職員会議、職種会議、運営会議といったものがうまく運営されないのは、目標に向かって組織を動かす〝縦のライン〟が整備されていないことにその原因があるように思います。

●組織運営に無関心な現場スタッフ

福祉・介護の職場で働いている現場のスタッフは、個々の利用者サービスには力を尽くしても、組織運営には無関心か軽視しているという特徴があります。

また、専門職として専門領域を深耕することには熱心でも、チームプレイや組織全体の生産性向上といったことには関心が低いスタッフも少なくありません。

職場がこうした意識に支配されると、マネジメントに疎《うと》い組織風土ができやすくなります。

このような組織風土に陥らないためには、経営者が組織マネジメントのトップとして理念やビジョンに向かって組織を動かす力が必要です。管理職、指導監督職、一般スタッフのヒエラルキーで指揮統制するという、左ページのような〝縦のライン〟を意識的に構築していかなければなりません。

●組織における各職層の役割・責任分担

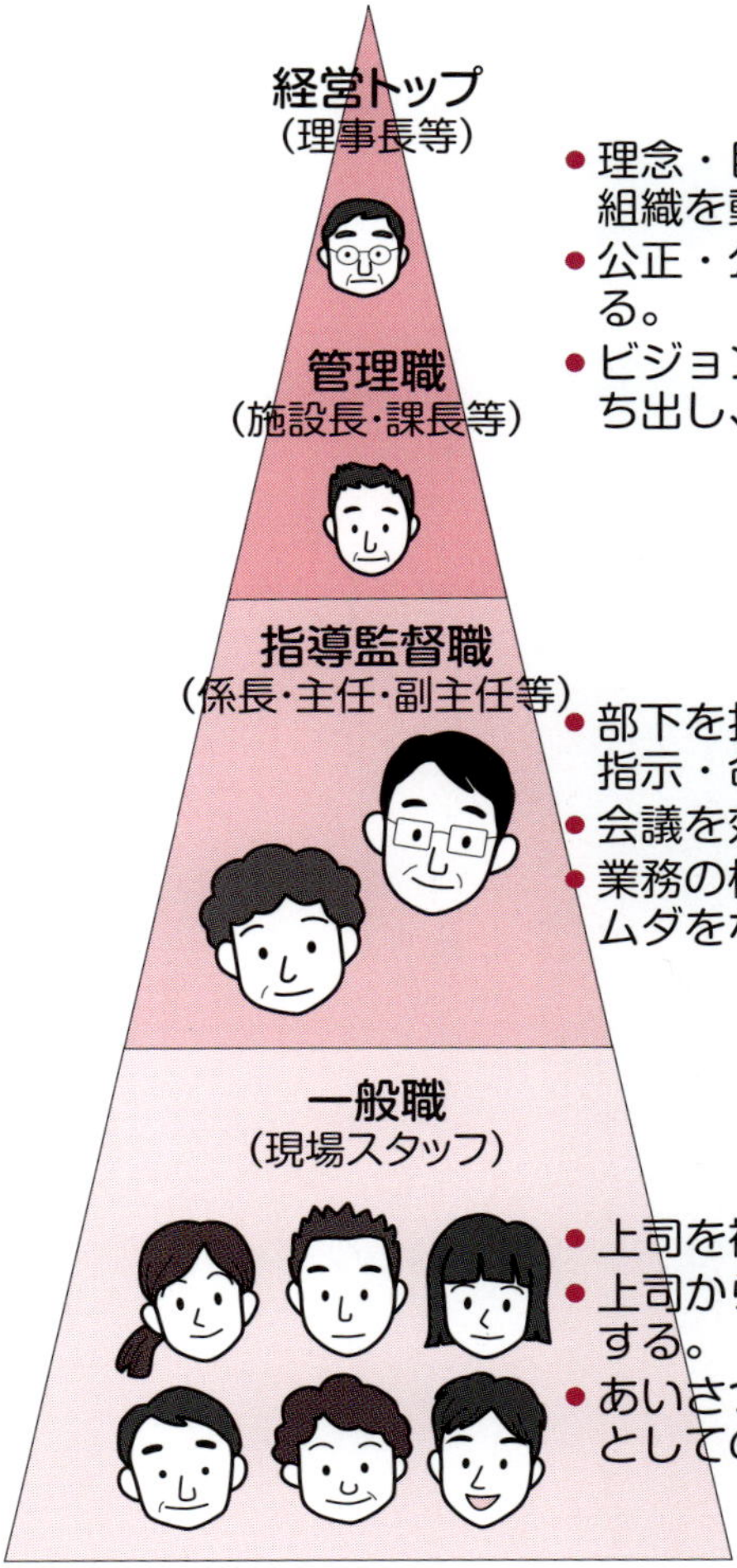

- 理念・目標（ビジョン）に向かって組織を動かす。
- 公正・公平で健全な組織風土をつくる。
- ビジョンを達成する明確な方針を打ち出し、組織に浸透させる。

- 部下を指揮・統制し、管理職からの指示・命令を徹底する。
- 会議を効果的に運営し、成果を出す。
- 業務の標準化・平準化を行い、ムリ・ムダをなくす。

- 上司を補佐し、チームワークを守る。
- 上司からの指示・命令を確実に実施する。
- あいさつ、服装、マナー等、職業人としての基本を守る。

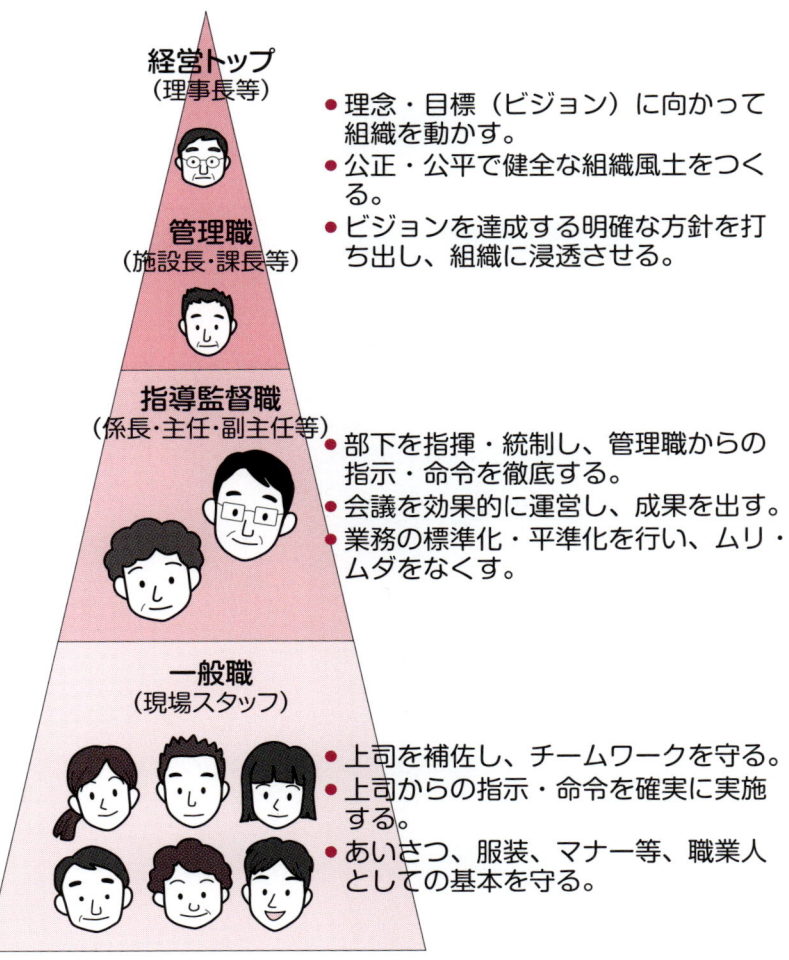

●ベテランがリーダーにふさわしいとはかぎらない

福祉・介護の職場では、現場のベテランがリーダーや管理職になっているケースが多々あります。そうしたベテランスタッフのなかには、「利用者の笑顔が見たい」という、そのことが強いモチベーションとなって仕事を長く続けているという人も少なくありません。

それはそれですばらしい面もありますが、「利用者第一」をすべての価値基準にしていると、部下スタッフを指揮統制して、目的に向かって組織を動かすということができなくなります。

実際、「自分は福祉・介護の仕事が好きなので働いているだけ。リーダーシップや組織運営を求められる仕事はしたくない」という人が多いのも、この業界の特徴です。

本来、現場のリーダーや管理職は、部下スタッフを指揮統制して現場の生産性を上げ、より良いサービス提供体制をつくりあげるというのがその使命です。したがって、スタッフをリーダーや管理職に登用する場合、こうした役割を果たす必要があるということを理解納得してもらわないといけません。

そうしたことを事前に教育したり、経営トップから言って聞かせたりすることもなく、「長く実務をこなしてきたベテランなので、現場をうまく回してくれるだろう」という淡い期待感だけで登用すると、リーダーや管理職として機能せず、組織目標が達成されないケースも少なくありません。

●経営サイドと現場サイドをつなぐもの

事業経営というものは、経営者と現場が一体にならなければうまくいきません。福祉・介護の施設や事業所の経営者のなかには、現場にはノータッチで、自分は計数管理だけして、売上げや人件費の話しかしないという人もいます。

こうした経営者がいる職場では、経営サイドと現場サイドが完全に乖離しています。ベテラン職員に現場を任せるだけでは、事業経営はけっしてうまくいかないことを経営者はよく理解する必要があります。

経営者には、管理職やリーダーに登用した責任があります。登用したからには、その人に対して、なぜ決算を黒字にするための経営管理が必要なのか、なぜ人をむやみに増やせないか、現場の働きが事業所の経営にどのように直結するか、といったことを何度もくり返し話して聞かせ、納得してもらわなければなりません。

このように現場と対話しながら組織を構築していかなければ、現場での創意工夫や改善がなされないことを、経営者はよく理解する必要があります。

⑤「現場が一番大事。会議は余計なもの」という根強い意識

●遅刻や途中離席が平然と行われる背景

筆者は、福祉・介護の施設や事業所で行われる会議に出席したり、委員会の運営を任されたりするケースがよくあります。そうした体験のなかでいつも感じるのは、「現場が一番大事。会議は余計なもの」という職場全体の意識です。

出席者全員が時間前に着席して、会議が予定時間どおりに始まることはめったにありません。だれかしら遅れて部屋に入ってきます。

遅れてきた当人は、他のメンバーを待たせてしまって申し訳ないという感じはあまりなく、かえって「自分は会議に遅れてくるくらい現場の仕事で忙しいんだ」と、誇示しているのではないかとさえ思えることもあります。

また、現場で仕事をしているスタッフから会議の出席者に対して頻繁に携帯電話に連絡が入ったり、呼び出しがあったりして、その人が何も言わずに離席してしまうケースもよく見

られます。そして、こうした遅刻者や離席者に対してだれも注意しません。

筆者はこういう状況を見て、会議に出席している人はもちろん、現場にいるスタッフにも、会議の目的なり重要性がまったく理解されていないのではないかと思ってしまいます。

このように会議をないがしろにするような職場では、いくら人を集めても成果が出ないのは自明の理といえるでしょう。

目的が知らされなければ、参加意識は高まらない

参加意識の低さは会議だけでなく、職員研修でも感じることがよくあります。

筆者は、福祉・介護の職場のスタッフに対して研修を行うことが多々あります。テーマは管理職研修だったり、リスクマネジメント研修だったり、就業規則等を解説する人事労務研修だったりとさまざまですが、研修の目的がしっかり伝えられていないとしか思えないような人が参加していることがあります。

そうした参加者は、研修が始まってすぐに机にうっ伏して寝てしまうこともあります。何のために自分がここに座っているのか、まったく理解していないように感じます。

このように、会議でも研修でも、参加者にその目的が周知徹底されないと、極端に参加意識が低くなるものです。義務感で来ている人に、当事者意識を期待することはできません。

⑥「ＰＤＣＡマネジメントサイクル」が根付いていない

一般企業に比べて会議の経験を積む機会が少ない

これまで見てきたような会議の問題点の背景には、業界特有の組織風土があると考えられますが、それについては、Ｐａｒｔ２で詳しく見ていきたいと思います。

また、福祉・介護の職場で働いている人が、「会議」というものの役割や運営方法について、よく理解していないことも大きな要因ではないかと考えられます。

一般企業では、入社してからずっとポジションに応じてさまざまな会議やミーティングを経験します。そこで会議の役割を実感し、効率的で生産的な運営方法について学んでいきます。しかし福祉・介護業界では、こうした経験を積む機会が格段に少ないのです。

人が集まって何かを話し合うときのモデルとして思い浮かぶものが、学生時代のホームルームや生徒会、研究会、サークル活動という人も多いのではないでしょうか。

会議というものは、皆がそろって何かを話していれば、自然に結論が出てくるものではありません。事前に目的を明確にして、議案をつくり、何かを決定したいのであれば、その決定を導き出すためのたたき台である資料を用意して、それをもとに話し合いをしないかぎり何の結論も出てきません。

●「PDCAマネジメントサイクル」とは

会議の運営方法を考える場合、基本になるのは「PDCAマネジメントサイクル」の考え方です。

これは、20世紀最大の発明といわれている経営管理手法で、「マネジメント」を学ぶうえで、最も初歩的ともいえる知識です。

簡単に説明すると、25ページの図に示した4段階のフェーズを順次行って1周したら、最後のActionによる見直し・改善を、また次のPDCAサイクルにつなげ、らせんを描くようにサイクルを向上(spiral up=スパイラルアップ)させて継続的に改善する、というものです。

この手法をご存じの方もいると思いますが、それが自分たちの仕事や組織の活動に生かされているかどうか、根付いているかどうかは、また別の問題です。

知っていることと実践することはまったく別次元のことです。知識や理論は実践されなければ何の価値もありません。

●会議が立ち往生してしまうのは準備不足のため

さて、福祉・介護の職場で行われている会議の実態を、このPDCAの観点で考えた場合、大きな問題があるように思われます。

まず、各々の会議の目的がよく理解されていない場合が多いようです。目的が理解されていないと、その会議ではどのような話し合いをしなければいけないのかという議案そのものが浮かんできません。現場の実態を踏まえたうえで、会議の目的に合った議案を創出し、会議に備えて結論を導き出すための〝落としどころ〟を計画するというPDCAが疎《おろそ》かになっています。

たとえば、リーダー会議を毎月1回定期的に開催することになっていても、今月はその会議で何を話し合うのか、何を決めるのかが事前に十分吟味されていないということです。

開催することが決まっているので、とりあえず出席メンバーが集まります。しかし会議の落としどころ以前に議案さえも決まっていなかったりして、連絡事項を伝え終えると、「みなさん、何かありませんか?」というようなことになり、会議が立ち往生してしまいます。

「会議は準備8割」と言われますが、準備もせず、メンバーが集まれば何か良いアイデアが生まれて、何かが決まるのではないかという幻想で開かれているような会議がとても多いように思えます。

● PDCA マネジメントサイクル

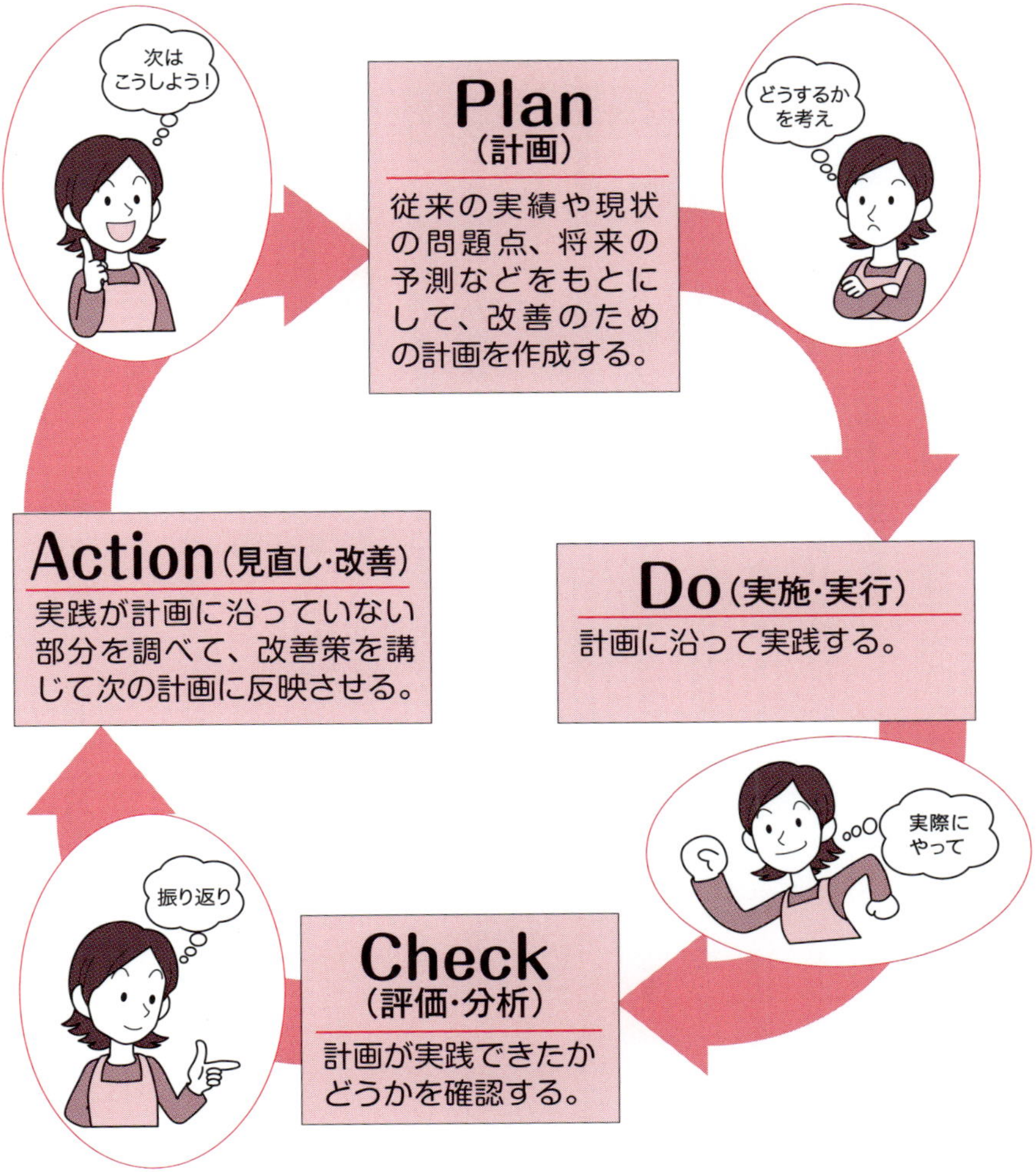
次は
こうしよう！
どうするか
を考え
Plan
（計画）
従来の実績や現状の問題点、将来の予測などをもとにして、改善のための計画を作成する。
Do（実施・実行）
計画に沿って実践する。
実際に
やって
Check
（評価・分析）
計画が実践できたかどうかを確認する。
振り返り
Action（見直し・改善）
実践が計画に沿っていない部分を調べて、改善策を講じて次の計画に反映させる。

column 1

事業経営に欠かせない経営理念とは

松下幸之助氏は、「組織の方針や方向性といった会社の主体性がないところでの集団は単なる烏合《うごう》の衆の集まりでしかない」と述べています。

つまり、どんなに優秀なスタッフが集まっていても、組織の方針を示し、方向性を合わせなければ、それは単に規律も統制もなく、ただ寄り集まっているだけの集団、秩序のない役立たずの人びとの集まりでしかないという意味です。

その組織の方針や方向性を表したものが「経営理念」です。

福祉・介護の施設や事業所の経営理念を見ると、自分たちの生業を説明しているような表現を見ることがたびたびありますが、それは、〝サービス提供方針〟といったもので理念ではありません。

経営理念は、「信頼」とか「創造」とか「愛」とか「感謝」といった普遍的な言葉で、スタッフの考え方、働き方のベクトルを合わせることができるものです。

福祉・介護のサービスは、対人サービスを旨とする労働集約型産業です。したがって、スタッフ個々の生産性が非常に重要になります。全スタッフが経営理念を念頭に価値基準とベクトルを合わせて自分の役割責任を全うし、１＋１が３の成果が出せるような組織風土の構築が、サービス向上と生産性向上には欠かせません。

そして経営理念は、できるだけ短い言葉で簡潔に表現されていることが大切です。長々と書かれたものは人びとの記憶に残りません。記憶に残らなければ、行動に結びつくこともありません。

医療の分野には、組織的に医療を提供するための基本的な活動（機能）が適切に実施されているかどうかを評価する「病院機能評価」というものがあります。その中には、次のチェック項目が含まれています。

「経営理念は15文字以内か？」

いま一度、自分たちの職場の経営理念を見直してみましょう。

Part

2

効率的な会議運営を妨げる独特の職場風土とは

Part 1 で見てきたように、福祉･介護の施設や事業所では、効率的で生産的な会議運営の妨げになっているさまざまな要因があります。

それを突き詰めていくと、福祉・介護業界の労働市場の特殊性とそれによって醸成されている施設や事業所の職場風土の問題が浮かび上がってきます。

① 深刻な人手不足をもたらした2つの大きな要因

人手不足を如実に示す有効求人倍率のデータ

現在、福祉・介護業界が深刻な人手不足に悩まされていることは周知のとおりです。

「ハローワークで募集しても、ヘルパーが集まらない」、「お金をかけて募集広告を出しても1人も応募者がない」といった嘆きを、経営者の方から聞くことが多くなりました。

ちなみに、一般産業の有効求人倍率（ハローワークでの登録求人数を求職者数で除した率）の全国平均は0・9倍台です。有効求人倍率が1・0以下ということは、仕事を探している人の数よりも求人募集の数のほうが少ないということで就職難の状況です。

一方、福祉・介護業界は1・48倍です（福祉人材センター「平成23年度 福祉分野の求人求職動向」による）。2倍を超えている都道府県も多くあり、東京都は3・28倍になっています。

有効求人倍率が高いということは、企業がより多くの労働者を求めているわけで、それだけ人手不足の状況といえます。

●サービス需要に人材供給が追いつかない現実

かつて、ハローワークに求人票を出すだけで、後は口を開けて待っていれば応募者が集まる時代がありましたが、なぜ、このような深刻な人手不足に悩まされるようになったのでしょうか。その原因は、大きく2つあると考えられます。

一つ目の原因は、平成12年の介護保険制度導入以降、介護サービスに対する需要が急激に増えたことです（詳細は34～35ページのコラムを参照）。

たしかに、介護保険制度の導入により介護分野で働く人の数は急増しました。次ページにその変化を示しますが、わずか4年間で従事者が65万人も増えた産業が、かつてあったでしょうか。介護保険制度の導入後、多くの人材が介護業界に流入したことが、このデータからよくわかります。

しかし、それにもかかわらずサービス需要に対する人材の供給が追いつきませんでした。介護事業所の新規開設に伴って求人数も増えるわけですが、その求人数に福祉専門校や医療福祉系の大学の数（定員数）が間に合いませんでした。

また、医療福祉系大学の卒業生の6割は、医療・福祉・介護に関係のない業種へ就職するというデータもあります。

こうした傾向は現在も続いており、引き続き深刻な人手不足が解消されていません。

●介護保険制度導入後のサービス従事者数の変化

	平成12年度	平成16年度
在宅サービス合計	**575,518**	**1,071,231**
訪問介護	177,909	367,398
訪問入浴介護	16,283	21,130
訪問看護ステーション	29,180	37,295
通所介護	100,149	215,188
通所リハビリテーション	49,151	74,987
短期入所生活介護	136,205	179,550
認知症対応型共同生活介護	5,716	69,356
福祉用具貸与	11,272	23,663
居宅介護支援	49,653	82,664
施設サービス合計	**450,344**	**598,379**
特別養護老人ホーム	194,892	265,071
介護老人保健施設	151,361	180,227
介護療養型医療施設	104,091	153,081
総計	**1,025,862**	**1,669,610**

約65万人増！

資料:厚生労働省「介護サービス施設事業調査」

「3K職場」のイメージが浸透した影響

人材不足の二つ目の原因は、「介護業界は3K職場」というイメージが広く浸透してしまい、学生の就職先や他業界からの転職先として敬遠されがちなことがあげられます。

「3K」とは、「仕事がきたない（汚い）、労働条件がきびしい（厳しい）、生活がくるしい（苦しい）＝給料が安い」の3つのKをもじって言われはじめたものです。

一説によると、こうしたイメージを決定的に浸透させてしまったのは、この業界で働く若者を取材したあるテレビ番組だと言われています。

番組は、認知症のグループホームで働く、ある若い男性職員の仕事を紹介したものでしたが、夜勤が週3回もあるのに手取りの給与が12～13万円しかもらえないというような実態が放送されました。

放送された当時、介護業界では、この番組が業界のネガティブキャンペーンになってしまったことに対して強い反発がありました。

この番組の影響だけとは言えませんが、次第に「介護の仕事は3K」というイメージができ上がり、介護業界に人が集まらなくなっていったのです。

そして、他の業界から転職してくる社会人の多くは、会社で雇用調整された中高年の男性という特徴的な状況が見られるようになりました。

column 2

介護保険制度の導入とサービス需要の変化

介護保険制度導入以前、介護サービスは社会福祉法人や地方自治体といったごく限られた供給体によって賄われていました。そして、貧しく困っている人を助ける生活保護などと同じく、限られた人びとに対してのみ提供されていたのです。

特別養護老人ホームのような介護施設も、国の管理のもと計画的に建設され、それに従って職員の需要も少しずつ増えるといった程度のものでした。

しかし、平成12年に介護保険制度が導入されて以降、介護サービスの様相は一変しました。

高齢者のデイサービス、認知症のためのグループホームや介護ヘルパーが自宅を訪問して食事や排せつの世話をする訪問介護サービスのような、いわゆる在宅介護サービスの数が爆発的に増えていきました。

こうしたサービスは、従来の社会福祉法人のみの供給体制では、とても需要に応えられず、「介護保険料を払っているのに、近所のデイサービスは定員一杯で使えないではないか」といった苦情が国民から寄せられないよう、広くサービス提供者を募りました。

こうして、従来からあった社会福祉法人等に加えて、株式会社、有限会社、ＮＰＯ法人、生活協同組合、農業協同組合、医療法人といった多様な経営体が介護福祉事業に参入するようになったのです。

民間への開放は、「保険あってサービスなし」ということにならないために必要な措置だったわけですが、それまで計画経済的に供給されていた介護サービスは、市場経済に委ねられた結果、需要が爆発的に掘り起こされました。

かつては、生活保護と同じくいろいろな条件をクリアした人だけに提供されていた介護サービスが、だれでも使える介護保険になり、「国のお世話になる」という意識もなく、当然の権利として活用される時代になりました。

②職員が次々と辞めていく定着率の低い職場が抱える問題

●福祉・介護業界から離れていく人材

前項で福祉・介護業界における人手不足の要因を2つあげましたが、人材の供給が追いつかないということや悪い業界イメージによるものだけかというと、そうとばかりともいえません。

それは、福祉・介護の施設や事業所における人材の定着率の問題です。

福祉・介護事業に従事する正社員の離職率は、一般産業と比較して高い傾向にあります。つまり、せっかく苦労して職員を採用しても、辞めてしまう人が一般の産業より多いということです。

いったん福祉・介護業界で働き始めた人たちが辞めていく理由は、どのようなものでしょうか。これは先に述べた人手不足の問題とは別に、事業者側にも責任の一端があるように思えます。

福祉・介護業界は、中小零細な事業所が多いこともあり、労働環境の整備や労働条件の向上までなかなか手が回らないのが実情です。

そのため、自分の健康や将来のことを考えて業界から離れて行ってしまう人も少なくありません。

介護の勉強をしてせっかく資格を取った人も、状況は同じです。たとえば、現在全国には介護福祉士の国家資格を取得している人が約47万人いますが、そのうち27万人はこの業界で働いていないというデータがあります。

●職場の理念や運営のあり方への不満が離職理由のトップ

また、福祉・介護事業に参入した経営者の理念や志の有無、組織運営のあり方といったことも、人材定着の問題と大きくかかわっています。

厚生労働省の外郭団体である公益財団法人介護労働安定センターが、毎年介護職員の実態調査を行っていますが、離職理由について興味深いデータがあるので、39ページにご紹介します。

どういう理由で仕事を辞めるのかを考えると、「給料が少ないから」という理由がまず頭に浮かびます。しかし一番多いのは、「法人や施設・事業所の理念や運営のあり方に不満があったため」という理由です。

この調査は毎年行われていますが、トップの理由はずっと同じです。これは何を意味しているのでしょうか。

まず、勤務する施設・事業所に経営理念がないか、あっても現実の判断基準と乖離しているということが考えられます。

ホンダの創業者である本田宗一郎氏は、「理念なき行動は凶器であり、行動なき理念は無価値である」という言葉を残しています。

考え方の軸というか、自分のポリシーというものがない人間ほど恐ろしいものはありませんが、組織も同じことがいえます。

ポリシーや判断基準がない組織では、たとえば、「介護報酬が3％引き下げられたから、職員の給料を3％引き下げます」ということが何の疑問もなく行われます。

また、立派な経営理念が掲げられていても、その理念が組織に浸透していない、空理空文になっている、理念とはぜんぜんかけ離れたところで経営の意思決定や人事が行われるようになると、掲げられた理念には何の価値もありません。

こうしたことを、そこで働くスタッフは敏感に感じ取ります。

●直前の介護の仕事を辞めた理由

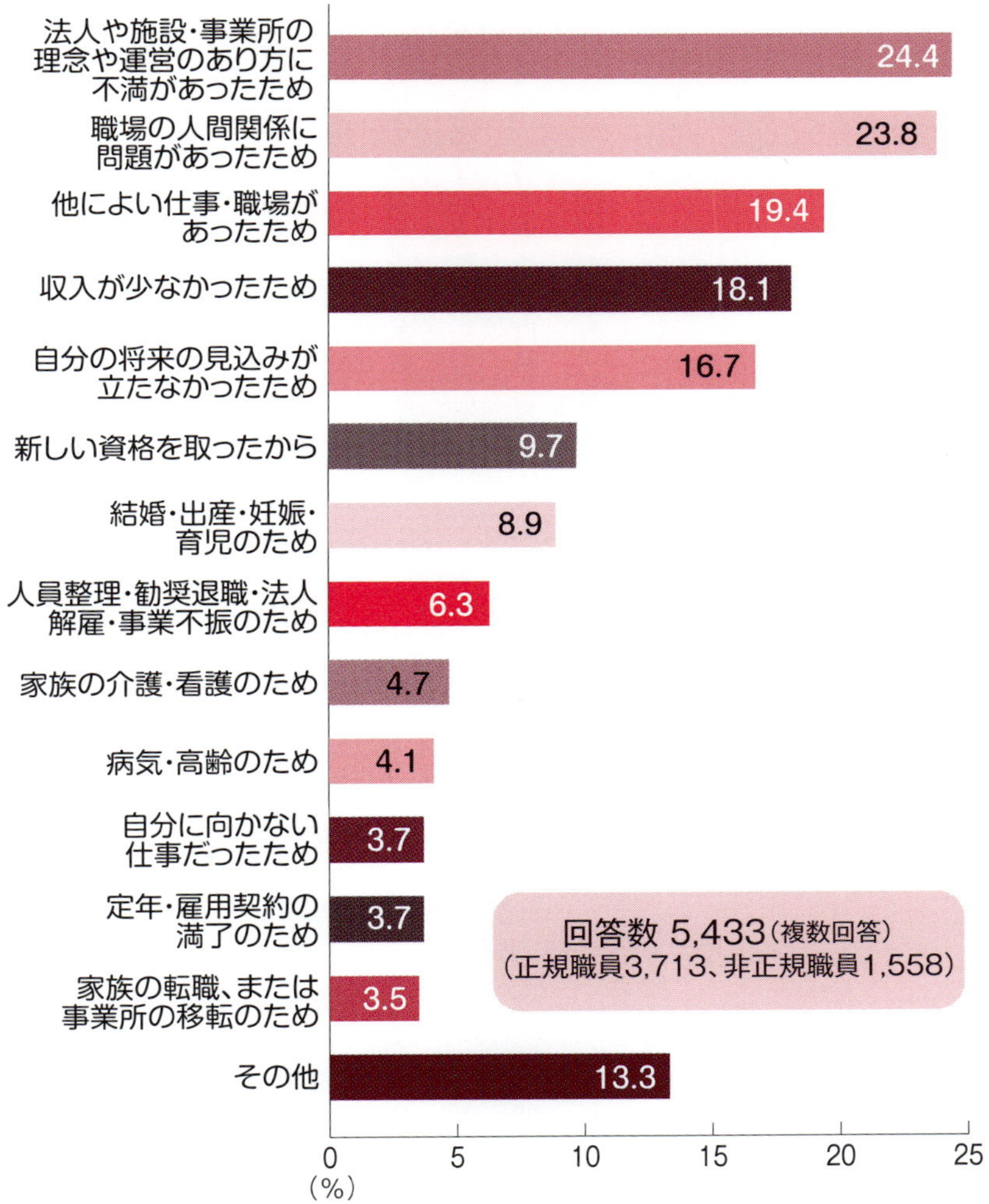

資料:介護労働安定センター「介護労働実態調査」（平成23年度）

●組織への帰属意識が低い専門職

福祉・介護の職場で働くスタッフの多くは専門職です。こうした専門職は、一般企業に勤めるサラリーマンなどにくらべて組織への帰属意識が希薄だといわれています。

大阪府社会福祉協議会が、大阪府内の特別養護老人ホームで働く職員の意識調査を実施した結果が手元にありますが、その6割が「職場に帰属意識を持っていない」という結果になっています。

帰属意識が希薄だと、組織のちょっとした不条理やダブルスタンダードなどに、強い嫌悪感を抱いてしまいます。

たとえば、皆がある程度納得できる組織の価値基準ではなく、声の大きい人間の個人的な価値観によって職場が牛耳られている、組織が私物化の様相を呈している、それに対して管理職がしっかり統制していないような状況は、スタッフにとって大きな不満の種となるのです。

③ 業界内転職者、女性労働者が多い労働市場の特殊性

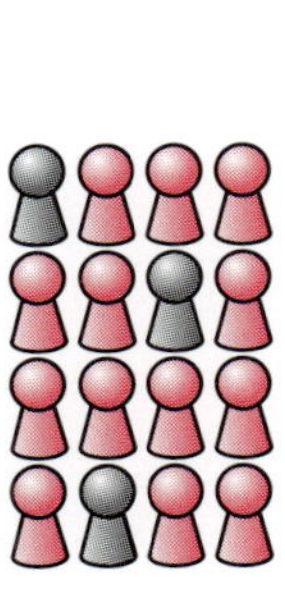

●福祉・介護業界を担う労働力の顕著な傾向

福祉・介護業界の労働市場は、他の業界とくらべてかなり特殊です。とくに目立つ傾向は次の2点です。

❶業界内だけで人が流動する傾向が強い。
❷女性労働者の比率が高い。

本項では、この2つの傾向について見ていきましょう。

●経験者、資格取得者が重宝される

福祉・介護関係の施設や事業所では、スタッフの多くが中途採用者で賄われているのが現

実ですが、即戦力を期待して数か所の職場を渡り歩いてきたような人や、福祉・介護関連の資格を持っている人を求めたがる傾向があります。

経営者自身が福祉・介護サービスに従事した経験がない場合は、「自分は現場の仕事がわからない。この人なら現場を回してくれるだろう」という期待感があります。

また、経験がある経営者は、「利用者サービスの現場が一番大事」という意識が強いため、やはり経験豊富な人に頼りがちになります。

そのため、未経験者や異業種からの転職者は採用されにくく、〝即戦力〟の人材ばかりが、業界内で流動するような素地ができ上がっています。

また働く側も、自分の経験や資格が売り物と考えているので、転職する場合も同じ種類の職場に応募するケースがほとんどです。

こうして雇用者側、被雇用者側のニーズが一致して、福祉・介護業界の特殊な労働市場ができ上がってしまっているといえるでしょう。

例外的に、定期の新卒採用を行って自分たちでスタッフを育成していくシステムが整備されている上場企業や大手の社会福祉法人もありますが、極々少数です。

こうした経験ありき、資格ありきの即戦力という採用条件を見直し、経験者や関連資格の取得者でなくても、対人サービスに適性のある人材を広く募って自分たちで育成していくようにならないと、福祉・介護業界の人材不足は払しょくできないのではないかと思います。
この点については、後で再度述べたいと思います。

●女性が8割を占める業界特有の問題

次に、女性労働者の比率が高いという福祉・介護業界の特徴です。労働者の男女比率は、だいたい女性が8割、男性が2割です。一般産業の男女比と比較すると、完全に逆転しています。

この女性比率の高さが、先に述べたスタッフの定着率の低さにも影響しています。日本の社会では、家族の機能を維持するために、まだまだ女性に期待されている傾向が強く残っています。

そのため女性が結婚すると、「働かず家にいてくれと夫が言うので、仕事を辞めます」、「夫が転勤になったので、赴任地についていかなければなりません」、「子どもができたので、仕事を続けられません」、「子育てに専念したいので、いったん仕事を辞めます」といったケースが増えます。

また中高年になると、「親の介護をしなくてはならないので、仕事を続けられません」という人が多くなってきます。

このように、家庭のライフサイクルが女性の仕事の継続をむずかしくしているという現実があります。

女性は昔から子育てや親の世話をする機会が多かったので、「命の性・育む性」と言われて、福祉・介護サービスには非常に適した素質を持っています。

また、細かいことに気がつき、男性が持っていない観察眼を備えている場合も多く、対人サービスには非常に適しています。

一方、組織的に何かを成し遂げるという傾向は男性と比べて弱い傾向があると言われています。そのことが、次に述べる組織性の欠如につながっているという一面もあるように思います。

④ “仲良しグループ”的な職場コミュニケーションがもたらすもの

●共有する理念がなければ単なる“烏合の衆”

職場内の会議やミーティングを実りあるものにするには、出席メンバーが忌憚《きたん》なく意見を言い合える職場のコミュニケーション環境が整っていなければなりません。

それは、同僚どうしが雑談で盛り上がるとか、世間話やプライベートな話題を通して仲がいいとか、そういうことではありません。

もちろん、こうした会話も職場の潤滑油として必要でしょう。しかし仲良しグループや烏《う》合《ごう》の衆では、組織としての目標を達成しようとか、何か問題を解決しようと思って会議やミーティングを開いても、まったくといってよいほど機能しません。

会議で頭数を揃えて2時間かけても何も決まらない、何も新しい改善策が出てこないというのは、こうした組織風土によるところが大きいと考えられます。

つまり、職員間で組織の理念や価値観が共有されていなければ、どんな問題を話し合っても成果は期待できないということです。

これは経営者サイドの問題ですが、組織の一体感を高めて、考え方のベクトルを合わせるという意味で、非常に重要な役割を持つ経営理念（26〜27ページのコラム参照）の重要性もあまり認識されていない場合が多いようです。

経営理念を軸として、組織の判断基準を合わせていくという組織運営の原理原則が欠如した場合、スタッフ間にコミュニケーション・ギャップが生まれ、風通しの悪い組織風土ができ上がっていきます。

●同僚がお互いを尊重するだけでは組織運営はできない

福祉・介護の世界では、「社会福祉援助技術論」の考え方を中心に据えて利用者サービスが考えられています。社会福祉援助技術論では、高齢者などのサービス利用者に対して、「その考えは間違っています」、「それは正しいことです」といった審判的態度を取ったり、「それはいけません。こうしてください」というように、管理したり、統制することはいけないことだという基本的な考えがあります。

サービス利用者に対して、こうしたスタンスが発揮されるのはよいのですが、それが同僚にも向けられると、前述の仲良しグループや烏合の衆のような職場ができ上がってしまいます。

つまり、「いろいろな仲間が、いろいろな考え方を持って仕事をしているけれど、それもそれぞれの個性だから、お互いそれを尊重して仲良くやりましょう」という雰囲気になってしまうのです。

筆者はよく現場のリーダーの方から、会議で司会進行役を務めたときのこんな苦労話を聞くことがあります。

「民主的にみんなの意見を聞かないといけないので、全員が発言するように促しています。しかしそうすると、いろいろな意見や考え方が出てきて、ぜんぜんまとまらず、結局会議では何も決まらないんですよ」

「みなさん意見はありませんか、と何度聞いても、ほとんど反応がありません。そのうち、利用者さんの噂話に花が咲いて、それが延々と続き、何も決まらず時間ばかりがかかってしまうことが多いんです」

まるで学校のホームルームのように、民主的に全員の話を聞くということばかりが優先されすぎると、目的に向かって会議を運営するということがきわめて困難になります。

この「民主的に」という呪縛《じゅばく》が、会議にかかるコストや会議の生産性といった意識が浸透しない一因ではないかと思っています。

⑤ どんな組織も「管理・統制」がなければ運営できない

●組織の方針に沿った働き方が求められる

筆者が社会人になりたての頃のことです。あるとき上司に対して生意気な意見を言うと、すぐさまピシャリとこう言われました。

「君の価値観なんてどうでもいいんだよ。そんなものはプライベートで発揮してくれ。会社では、会社の方針に沿った価値観で仕事をしなければいけないんだよ」

このときの上司の言葉が、組織で働く者の心構えとしていまでも心に深く刻み込まれています。

一般企業では、社員の個人個人が自分の価値観で勝手に仕事をしたり、成り行きまかせで仕事をするようなことは許されません。

社員一丸となって良い製品を生産・販売したり、良いサービスを提供できなければ、消費者（顧客）のニーズに応えることができず、そのうち、企業としての存在意義自体も失われてしまうことになるからです。

つまり、明確な使命と目的を持って組織されている会社には、それに沿った方針があるわけで、その方針に沿った働き方をしないかぎり、組織人としては何の役にも立たないし、かえって周囲に悪影響をおよぼす存在になってしまうということです。

企業を取り巻く環境は、常に最小の投資で最大の成果を上げ続けなければ存続できなくなるという可能性をはらんでいます。

そこで、企業目的を達成するには、働く社員の方向性を1つに集約しなければならず、そのためにはどうしても「管理・統制」が必要になります。

51ページの図は、メーカーを例にした企業活動の概念図です。見ていただければおわかりのように、人、ものなどの経営資源を投入し、価値ある商品をつくり、それを提供することで収益を得ています。そしてあらゆる場面で「管理」が必要になってきます。

こうした企業活動の基本は、福祉・介護の職場においても同じです。

理念でなく利用者によって結びついている組織の問題

福祉・介護業界で働く人びとには、こうした組織の常識が希薄です。先述のように中途採用者が多く、いろいろな職場で働いた経験がある人たちが、自分なりの価値観や仕事に対する考え方を持って同じ職場で仕事をしています。

なかには、「自分が仕事をするのは、お年寄りの喜ぶ顔が見たいから。施設の運営には興味がない」という人も少なくありません。

福祉・介護の職場では、スタッフどうしが同じ組織の理念や価値観でつながっているというより、自分たちがサービスにかかわっている利用者を通してつながっているという傾向があります。

その結果どういうことが起こるかというと、組織を円滑に機能させるために必要な「管理」や「統制」というものまでもが〝悪〟であるかのように見なされてしまいます。

そうした職場では、なかなか組織的な仕事のやり方は浸透しません。

また、職場内で使われる用語が人によってバラバラといったこともよく目にします。とくに、医療系、介護系の職種の違いから、同じことに対して別々の専門用語が用いられている職場も多いのではないでしょうか。

現場ではその都度、言葉のすり合わせに時間をかけています。「〝共通言語〟を使うことが、組織で仕事をするうえでの基本」という認識さえも職場全体であまり共有されていません。

●すべての企業活動に「管理」が必要になる

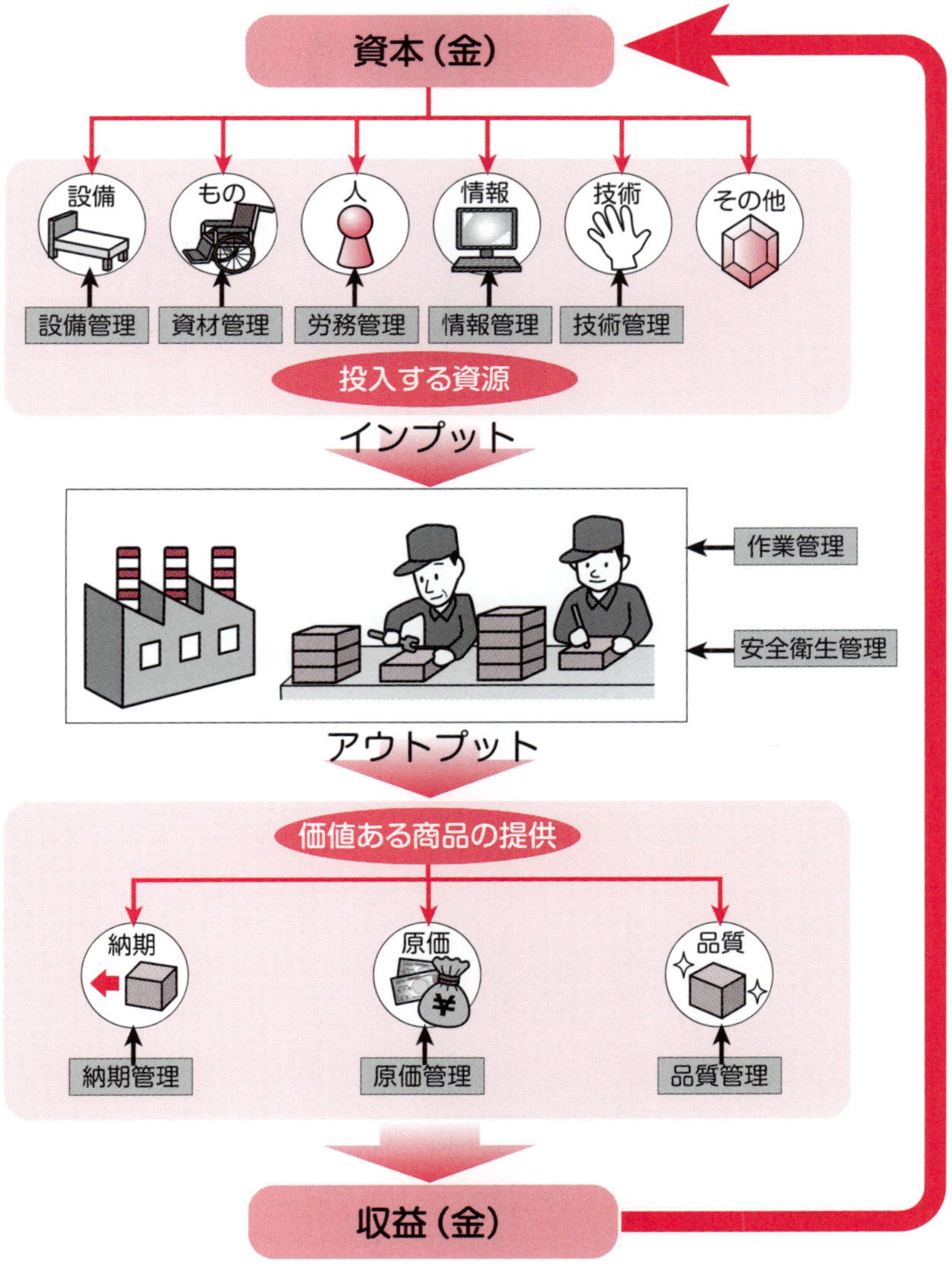

⑥「資格ありき」「即戦力」に偏ったスタッフ採用の弊害

資格がなくても仕事ができる福祉・介護サービス

ナイチンゲールは看護学の基礎を築いた偉人です。病院も看護学校もたくさんつくりました。しかし、看護分野でつくらなかったものが1つあります。それは「看護師資格」です。看護という仕事を資格で縛ってしまうと、素直にものを見る目やホスピタリティといった仕事の本質がおろそかにされてしまうというのが、その理由だったと言われています。

現在、多くの施設・事業所のスタッフ採用は、「資格ありき」が前提になっています。しかしよく考えてみると、医療サービスと違って、福祉・介護サービスは資格がなければ携われないということはありません。

医療サービスは、医師を頂点として看護師、放射線技師、薬剤師、栄養士といった国家資格者ないし知事認可の資格者がいなければできないことから、これらの資格は「業務独占資格」と呼ばれています。

一方、福祉・介護の仕事は、訪問介護はヘルパー2級資格が必要ということを除いて、国家資格がなくてもサービスを提供することが可能になっています。

こうしたことから、福祉・介護関連の国家資格は「名称独占資格」と呼ばれていて、業務に必須な資格というより、名乗ることができる資格ということになっています。

●資格取得者の採用にこだわりすぎる弊害

資格者を揃えることは、サービスの質を担保するという面で必要ですが、それにこだわりすぎると、対人サービスに適した人を排除してしまうことになりかねません。

人が人に直接サービスを提供する対人サービス業の場合、スタッフの人間力が問われます。「人間観察力」、「人の話を素直に聞ける柔軟性」、「自分の都合で物事を見ない素直さ」、「うそをつかない誠実さ」、「次にどのようなことが必要になるかを予測できる注意力」というものがあってはじめて、さまざまな相手に応じた対応が可能になります。

こうした人間力は人格に根差している部分が結構大きく、それをしっかり見たうえでスタッフを採用するというスタンスがあってもいいのではないかと思います。

こうした素養のある人材を採用して職場でしっかり教育すれば、知識・技術・資格といったものは後から自然についてくるのではないかと思います。

column 3

資格や学歴だけでいい仕事は成し遂げられない

京セラの創業者で、日本航空（ＪＡＬ）を再上場させたことでも知られる稲盛和夫氏は、その著書で、仕事の成果を生むものは「考え方×熱意×能力」だと述べています。

ここでいう「能力」とは、資格や学歴のこと。「熱意」は、自分の仕事に対する情熱です。そして「考え方」は、自分の仕事、自分が属している組織に対する考え方や人生観、社会観といったものです。

注意すべきは、仕事の成果を生むのは、この３つの要素の〝掛け算〟であるということです。

したがって、いくら資格をたくさん持っていたり、学歴が高くても、仕事を単にサラリーを得るための手段と考えているような意欲に欠けた姿勢では、成果は期待できません。熱意が０なら、どんなに能力があっても成果は０ということもありえます。

また、その人が持っている考え方、すなわち、「社会のためになりたいという貢献意識」とか、「組織の一員としてのメンバーシップ」、「責任感」といった要素が欠けていたら、組織ではマイナスの成果しか生まないことになります。

稲盛氏の卓見には、なるほどとうなずく点が多いのですが、資格や学歴は仕事の成果を保証するものではないということに、とくに経営者はもっと耳を傾けるべきだと思います。

⑦ 組織の一員である意識を醸成する採用時研修の重要性

●組織的な仕事を身に付けさせるには最初が肝心

筆者は現在、福祉・介護業界での経営コンサルティングを生業にしていますが、経営者の方からたびたび次のような依頼を受けます。

「うちの職員は、組織的な仕事の仕方に慣れていなくて困っています。昨今はこの業界も競争原理が浸透して、サービスの質が問われるようになってきました。こうなると組織的な取り組みがどうしても必要になってきます。ついては、組織的な仕事のやり方について研修をしていただけませんか」

福祉・介護の職場で働くスタッフの多くが中途採用者で占められている現実を考えた場合、どうすれば組織の一体感を高め、みんなのベクトルを合わせて、組織的な取り組みができる風土をつくれるでしょうか。

もちろん、現在働いている人たちへの研修も大切ですが、やはり採用時の新人研修が果たす役割は大きいと思います。

一般企業では、新卒者を定期的に採用し、新人教育訓練をしながら自社の理念や価値観を伝えていきます。そして各部署に配属された後は、上司や先輩社員と一緒に働くことで、さらに会社の理念や価値観が新人社員たちに浸透していきます。

こうした積み重ねによって、社員の間で理念や価値観が共有され、組織の一体感や考え方の統一性といったものが育まれていきます。

●新人職員研修プログラムの例

左ページに掲げたのは、ある社会福祉法人の新人研修プログラムですが、理事長のご好意により、事例として紹介させていただきます（法人名はプログラム中「○○会」としている）。

この法人の新人職員研修は、3泊4日で行われていますが、左ページはその1日目と2日目のプログラムです。

朝から夜までびっしり研修が組まれ、研修内容は多岐にわたっていますが、そのねらいは58ページ以降にあげた5つです（プログラム右の番号は、その説明の番号に該当）。それぞれ大切なポイントを押さえていて、大変参考になります。

新しい職員が入るたびに、こうした研修を愚直に継続していくことこそが、そこで働く人

●ある社会福祉法人の新入職員研修プログラム

1日目　4月2日（月）			ねらい
時　間	内　容	講　師	
9:50〜10:00	受付・○○会賛歌練習		
10:10〜11:40	歓迎式典		
11:40〜12:00	オリエンテーションほか		
12:00〜13:00	昼食・休憩		
13:00〜13:10	開会		
13:10〜14:30	「老人福祉の歴史と法人の歩み」	理事長	1
14:30〜15:20	「創始の理念と心の法則」	施設長	1
15:20〜15:30	休憩		
15:30〜16:10	各施設紹介	研修委員	5
16:10〜16:50	自己紹介ゲーム	研修委員	2
16:50〜17:30	「○○会職員としての心構え」	施設長	2
17:30〜18:40	「○○会QA集」	事業部長	1
19:00〜20:00	夕食		

2日目　4月3日（火）			ねらい
時　間	内　容	講　師	
7:00〜 8:00	朝食		
8:30〜 9:20	「職員綱領について」	施設長	1
9:20〜10:40	「経営理念・経営ビジョン」	理事長	1
10:40〜10:50	休憩		
10:50〜12:00	「介護技術の底辺に流れる理念」	施設長	3
12:00〜13:00	昼食・休憩		
13:00〜14:00	「法人組織の仕組みと事業体制」	事業部長	2
14:00〜14:40	「チームワークを大切にしよう」	施設課長	2
14:40〜14:50	体験発表		
14:50〜15:30	「報連相の大切さ」	施設長	2
15:30〜15:40	休憩		
15:40〜17:50	グループ討議 「お年寄りの笑顔を作るためには」	施設長	4
17:50〜18:40	「学生から社会人へ」	常務理事	2
18:50〜19:40	夕食		
19:40〜20:00	○○会サークル紹介	研修委員	5

のマインドを合わせていくことにつながる唯一の方法だと考えられています。

ねらい1　法人理念・創始の理念の理解

この法人では、組織の理念や価値判断基準に職員のベクトルを合わせることが、組織としての一体感を醸成し、生産性向上を達成できる重要なポイントと考えています。

そのため、プログラムを見てもわかるように、このテーマの研修には非常に力を入れています。

とくにいろいろな職場での経験を通して、さまざまな価値観を携えた職員が一緒に働く福祉・介護業界では、こうしたマインド教育がとても重要になります。

ねらい2　組織人としてのモラルの理解

福祉・介護業界で「コミュニケーション」といえば、サービスを提供する利用者に対してのものという意識が強く、そのテーマの専門書もたくさんあります。

実際、福祉・介護の仕事に携わる人の多くは、利用者へのサービスを通して一対一の人間関係を構築するコミュニケーション能力に優れた面を持っています。

しかしそれにくらべて、職場内で組織の一員として働く場面でのコミュニケーションについては認識不足の面があります。

この法人では、業界団体が主催する外部研修でも取り上げられることが少ないこのテーマの研修を重視しています。

研修のポイントは、職場が単なる仲良しグループの組織ではないことを理解してもらい、組織人として守らなければならない行動原則を具体的に伝えることです。

たとえば、自分の直属の上司に対して「報告・連絡・相談」する意味や、上司を飛び越していきなりトップへ話を持っていくようなことは組織運営上非常識であることなどを、しっかり理解させる研修になっています。

ねらい3　介護技術の底辺に流れる理念の理解

多くの施設・事業所では、福祉・介護の知識・技術の研修に終始していますが、この法人では、あくまでも福祉・介護の底辺に流れる理念の理解に重きを置いています。

手段・手法の技術教育はあまり意味がありません。その底辺に流れる理念さえ植え付けられれば、知識・技術は後からついてきますし、マニュアルレベルではない場面に応じた応用ができるようになるからです。

ねらい4　サービス業としての理解

福祉・介護サービスは、対人サービス業です。利用者に対するホスピタリティ（おもてなしの心）を植え付けたり、あいさつ、マナーといった接遇研修を施します。

ねらい5　団結・連帯・帰属感の向上

先述のように、組織の理念や運営のあり方に対して違和感を持っていると、なかなか帰属意識は生まれません。そもそも、「資格で食べていける」という意識が強い専門職は、一般企業の従業員に比べて帰属意識は低い傾向があります。

この法人の新入職員研修では、経営理念の浸透や組織人としてのモラルの理解を通して、「団結・連帯・帰属感」を高めることを重視しています。

⑧ 会議・ミーティングこそ、組織の理念を浸透させる場である

会議の結論を決定づけた一言

筆者は以前あるメーカーに勤めていましたが、新商品の企画開発会議で次のようなことがありました。

その会議では、営業部と開発部のメンバーが集まって、新しく開発しようとしている商品について話し合いが行われました。

その新商品は消費者ニーズを確実に捉えていて、営業部では、「ヒット間違いなし」と大乗り気でした。

しかし、この商品企画には社会的に若干問題がありました。そのため開発部では、「そんな商品開発のために、われわれの技術を使いたくない」という思いがあり、消極的でした。

会議では、商品化するかどうか、両者の思惑とプライドが衝突して、なかなか結論が出ませんでした。

そして、意見の応酬がしばらく続いた後、会議に出席していたメンバーの1人がこう発言したのです。

「われわれの経営理念は〝信頼と創造〟です。この経営理念に照らして考えた場合、多少とも問題のあるこの商品を市場に出すのはいかがなものでしょうか」

会議メンバー一堂静まり返って、各々が納得した様子でした。こうしてこの商品を市場に出すことは見送られました。

●理念に基づいて会議が運営される組織風土を

企業だけでなく、どのような組織においても、このように組織の判断基準である理念に照らして最終決定されるというのが、本来あるべき姿です。

しかし、福祉・介護の職場で行われている会議やミーティングで、こうした場面に出会うことはあまりありません。それは掲げている理念が、現実的な問題の判断基準になりえていないからだと思われます。

いま多くの職場では、「利用者第一主義」、「利用者満足絶対主義」ということが標榜されています。

しかし、利用者のために何でもしてあげることが大切と考えている人もいれば、利用者を甘やかすことになると考えている人もいて、この理念が全員に共通理解されているとは思えないところも少なくありません。

また、看護師等の医療系職種の価値基準と介護福祉系職員の個々の思いや福祉・介護観に違いがあるため、「利用者第一主義」や「利用者満足絶対主義」という理念が組織の判断基準として根付いていないことが多いようです。

結局、会議では声が大きい人や権威を持った人の意見が優先されて、結論が決められるケースが多いように見受けられます。

会議は組織運営の一つの機能です。学校のホームルームや地域の集会とは根本的に違います。

前提条件として、われわれの目的は何か、われわれは何のために存在するのか、われわれは何を価値として世の中に貢献できるのかということが会議のメンバー間で共有されていなければ、よい会議運営はできないし、組織の価値を高めるような結論も導き出されないことになります。

理念が確立され、その理念に基づいて会議が運営され、その理念に沿って結論が出されるということがないかぎり、それは組織運営の一機能としての会議ではなく、単なる個人的な意見交換の場になってしまいます。

●トップが日々理念と共にあることの大切さ

組織の理念が現場の判断基準になるまで浸透させるには、トップが常に「理念と共にある」ことが大事です。

筆者が15年来経営コンサルタントとして関与させていただいているある社会福祉法人では、理念として「愛・感謝・奉仕」を掲げています。

感心させられるのは、トップである理事長がこの理念を浸透させようと、スタッフが集まるあらゆる機会――新人職員研修はもちろんのこと、毎月定期的に開催される施設長会議や職員会議、年3回程度開催される職員全体研修等――を使って、いまの社会情勢と自法人の経営理念との関わりなどを例にあげて、経営理念の解説をされることです。

こうしたトップのたゆまぬ努力の結果、現場で行われている会議でも、「愛・感謝・奉仕」の解釈の違いで紛糾することなく、理念を判断基準とした結論が導き出されています。

Part
3

会議前の計画・準備と会議後のフォローの段取り

会議を効率的に進め、創造的な成果を生み出すには、Part 1で説明した「PDCAマネジメントサイクル」に基づいて運営されることが大切です。

Part 3では、会議前のPlan（計画）と会議後のCheck（評価・分析）、Action（見直し・改善）の具体的段取りについて説明します。

① 福祉・介護の職場で行われている「会議」を整理する

●本来の意味の「会議」とは

人が集まって何かを話し合うものを、すべて「会議」と考えてしまうと、あまりにも雑駁《ざっぱく》な印象になってしまいます。

本来の会議とはその字のとおり「会して議する」ことです。つまり関係者が集まって議論し、意思決定をするものだけを純粋に「会議」と捉えたほうがよいのかもしれません。

こうした前提に立てば、福祉・介護の職場で行われている「会議」のなかには、会して議することのない、いわゆるミーティング的なものもたくさんあります。

そうした会議・ミーティングの目的はいろいろありますが、主なものをあげてみましょう。

- 情報交換をする。

- 問題を解決する。
- 計画をつくる。
- アイデアを募る。
- 関係者の合意を形成して物事を決定する。
- 出席者相互の関係をつくる。
- 組織の決定や報告事項を伝達し、それを関係者に周知する。
- 出席者の報告に対して上の立場から、また出席者どうしで質疑応答を行う。

●現在行われている会議を目的別に整理してみる

福祉・介護の職場で行われている会議・ミーティングの実態を見ると、69ページの図に示したように大きく3つのタイプに分類できます。

ただ実際は、このようにきっちりと整理されているわけでなく、1つの会議のなかで報告連絡事項があったり、関係部署間の調整を行ったり、問題解決へ向けた議論があったり、アイデアを募る場面があったり、重要な意思決定をしたりというケースも多いと思います。

限られた時間のなかで会議を設けると、どうしてもこうした実態になりがちですが、あまりにもテーマが拡散しすぎてしまい、何のためにそのメンバーが集まって会議をしているのかがわからないようなケースも少なくありません。

もう一度、職場で行われている会議・ミーティングを、情報伝達を目的にしたもの、関係部署間の調整を目的にしたもの、問題解決・意思決定を目的にしたものというふうに整理してみましょう。

そのうえで、目的に沿ったメンバー構成になっているかを検討し、必要であれば入れ替えることで、会議がより効果的・効率的に運営されるようになります。

「問題解決・意思決定型」会議はＰＤＣＡを意識する

前述したように、会議は「ＰＤＣＡマネジメントサイクル」（25ページ参照）で設計・管理・運営されることが大切です。

とくに本項でタイプ分けしたなかの「問題解決・意思決定型」会議は、その成果が経営に直結することが多く、また時間を要することも多いため、「ＰＤＣＡマネジメントサイクル」を強く意識しなければなりません。

次項からＰａｒｔ４にかけて、「ＰＤＣＡマネジメントサイクル」に沿って、会議の設計・管理・運営のポイントを説明していきます。

●会議・ミーティングの３つのタイプ

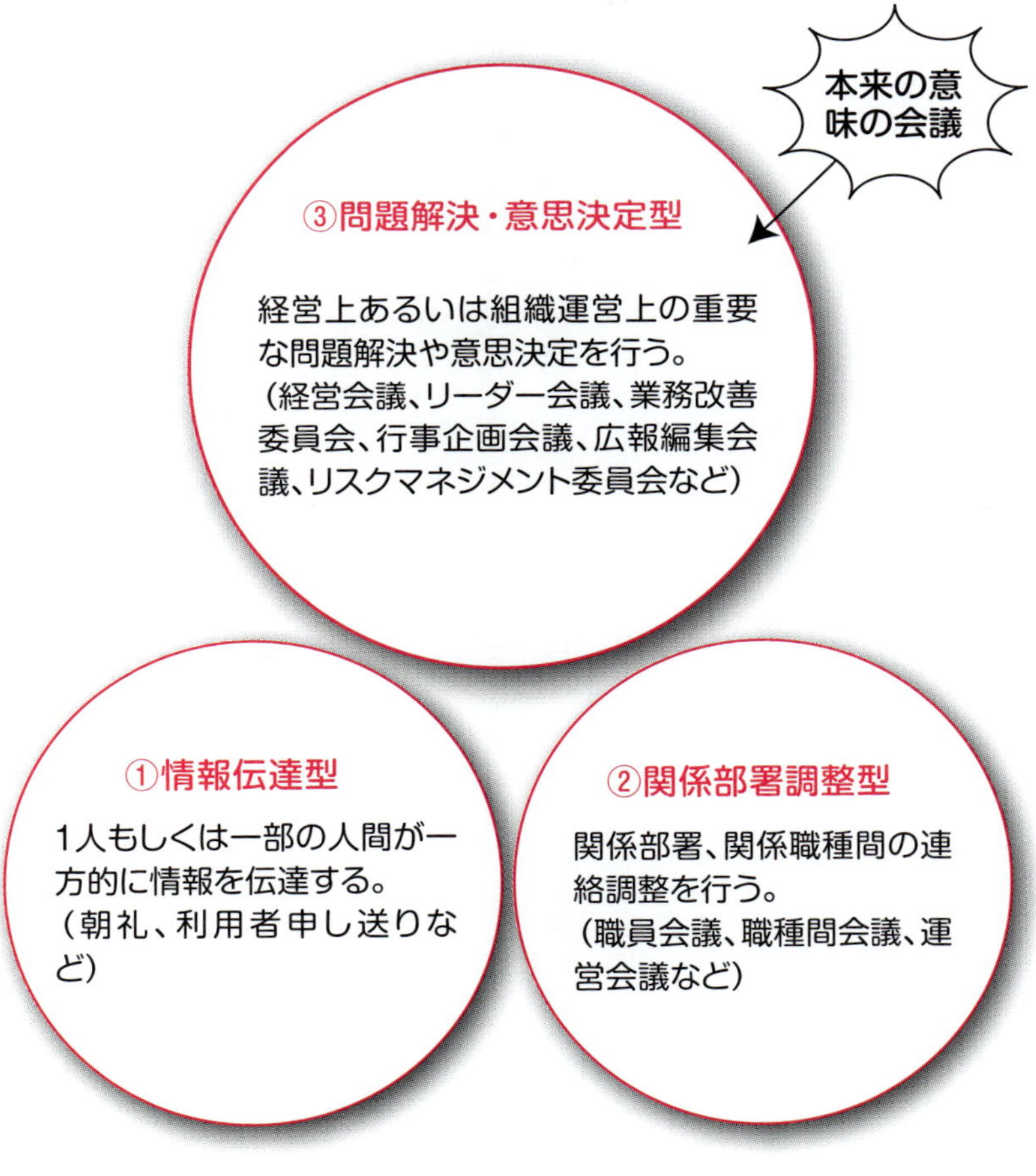
本来の意味の会議
③問題解決・意思決定型
経営上あるいは組織運営上の重要な問題解決や意思決定を行う。
（経営会議、リーダー会議、業務改善委員会、行事企画会議、広報編集会議、リスクマネジメント委員会など）
①情報伝達型
1人もしくは一部の人間が一方的に情報を伝達する。
（朝礼、利用者申し送りなど）
②関係部署調整型
関係部署、関係職種間の連絡調整を行う。
（職員会議、職種間会議、運営会議など）

計画・準備①

② 会議の目的を明確にし（Why）、議案を決める（What）

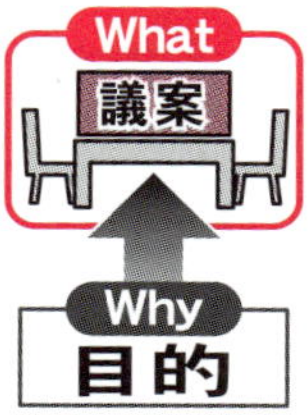

●「5W1H」で会議を計画する

まず、「ＰＤＣＡマネジメントサイクル」のＰ（Ｐｌａｎ）のフェーズでは、左ページに示した会議の５Ｗ１Ｈを考えます。

このように５Ｗ１Ｈを明確にすることで目的や議案がはっきりし、会議の落としどころが見えてきます。また、たとえ会議の成果が上げられなくても、何が悪かったのか、その原因を探るのが容易になります。

以下、この５Ｗ１Ｈで会議の準備について考えていきましょう。

●会議の目的をはっきりさせる

「仕事は、何ごとも準備8割」と言われます。会議も同様で、準備に8割の労力を割くことが成功のポイントとなります。準備に時間とエネルギーを割くことが、会議自体の時間とエ

●会議の５Ｗ１Ｈを考える

	何の目的でこの会議は存在しているのか？ →目的の明確化
	この会議で何を議論しなくてはいけないか？ →議案の設定
	だれが会議に参加するのか？ →出席メンバーの選定
	どこで会議を行うか？ →開催場所の決定
	いつ会議を行うか？　どのくらいの時間をかけるか？ →開催日時の決定
	どのように会議を進行させ、結論を導き出すか？ →運営の段取り

ネルギーを少なくすることにつながります。会議を設ける経営者や管理者、また会議の司会進行役は、事前に次の2点をしっかり認識しておく必要があります。

❶この会議は、どういう理由で存在しているのか。
❷今回開催する会議の目的は何か。

74～75ページに紹介するのは、ある知的障害者施設が「人事考課制度検討委員会」というものを立ち上げたときの文書です。とくに重要な会議や委員会を設けるときは、このように活動目的や役割分担等について文書化し、組織全体で共通理解しておくことが大切です。

●会議の連絡、議案の決定、資料の準備

会議開催の連絡の仕方はケースバイケースですが、出席メンバーに対して1週間くらい前までにメールや文書で知らせるのが一般的です。1週間の余裕があれば、何を目的にした会議か把握でき、準備にも時間がかけられて参加意識が高まります。

事前に出席メンバーから議案を募る場合は、開催通知の中にそのことを併せて明記しておくようにします（76ページの書式例参照）。

会議の議案が固まったところで、議事の流れを考えます。

議案が多すぎて、どうしても時間内に収まりそうもない場合は、議案の重要度や緊急度で優先順位を考え、順位の低い議案は次回の会議に回すようにします。

「せっかく会議を開くのだから、これも連絡しておこう、これもついでに議論しよう」、「別の会議の議案だけど、この会議でもメンバーの意見を聞いておこう」などと考えていると、際限なく広がってしまいます。

時間も限られているので、よく考えて議案を絞り込むことです。会議時間が長く取れない職場なら、「1回の会議は1つの議案」とルール化してもよいでしょう。とにかく、今回の会議は何を決める会議なのかをはっきりさせておきます。

そして司会進行役は、すべての議案が消化できるよう時間配分を考えます。こうしておけば、議案ごとにだいたい何分くらい時間が使えるかの目安を頭に入れて会議に臨むことができます（77ページの書式例参照）。実際の会議運営は、この議案に沿って進めていくことになります。

次に、議案に必要な資料を準備します。人は耳で聞くだけより、併せて視覚から情報を得ることで、より理解度が増します。したがって、少し込み入った内容の議案の場合、出席メンバーの理解を促し、活発な議論を引き出すために、準備を怠らないようにしましょう。

４．役割分担

（1）委員長

①各委員の役割分担を決定する。

②年間スケジュールを策定する。

③議題を確定し、定例会議を召集する。

④職員会議において進捗報告を行う。

⑤理事長に改革案を提言する。

（2）各委員（５名程度）

①導入後の現場の問題点を吸上げ、委員会開催時に報告する。

②人事考課制度について職員に説明を行い、疑問点があれば委員会の中で討議し、その結論を職員にフィードバックする。

③会議の内容を議事録としてまとめる。

（3）コンサルタント

①問題点に対して改善案を提示する。

②人事考課制度に関する勉強会の講師を務める。

③人事考課制度に関する研修会の講師を務める。

④委員長を補佐する。

（4）理事長

①委員長の相談に対してアドバイスを行う。

②人事考課制度導入の目的を明示し、適宜、全職員に浸透させる。

③委員会予算に関する決裁を行う。

５．活動開始年月

平成○年○月

●会議の目的、役割分担等をまとめた文書例

平成○年○月○日

人事考課制度検討委員会の活動について

1．活動目的

平成○年○月に導入予定の人事考課制度の円滑な導入を図り、その目的とする「職員の人材育成と法人事業の継続発展」の実現を目指す。

2．活動目標

人事考課制度を自分たちの制度・仕組みとするために施設の中心的役割を担うメンバーを選定し、委員会の活動を通して○○苑全体に人事考課制度を定着させる。

3．活動詳細

①委員会メンバーが人事考課制度を十分に理解し、委員会メンバーが職員に対して制度について適宜、説明を行うことで、職員の不安や誤解を払拭する。

②人事考課制度に関する職員研修を主催する。

③人事考課制度導入後、職員に対してアンケート調査を実施し、その問題点を分析する。

④アンケートにより浮かび上がった問題点を吸上げ、人事考課制度の改訂案を提言する。

⑤公正・公平に運用する条件を阻害している要因を把握し、その対策案を提言する。

●会議開催通知の例

平成○年○月○日

○○会議開催のお知らせ

発信者：　　　　　㊞

【会議名】　○○会議

【日　時】　平成○年○月○日（　　）
　　　　　　○時～○時

【場　所】　○○事業所　２Ｆ会議室

【議　題】　１．＿＿＿＿＿＿＿＿＿＿
　　　　　　２．＿＿＿＿＿＿＿＿＿＿
　　　　　　３．＿＿＿＿＿＿＿＿＿＿

※議案の提出がある方は会議開催３日前までに担当者まで提出ください。

【参加予定者】
　○○理事長、△△事業部長、□□課長、◆◆主任、■■リーダー

【添付資料】　１．＿＿＿＿＿＿＿＿＿＿
　　　　　　　２．＿＿＿＿＿＿＿＿＿＿
　　　　　　　３．＿＿＿＿＿＿＿＿＿＿

●会議議案の例

○○会議議案

日　時：平成年○月○日　○時～○時
場　所：○○事業所　２F 会議室
出席者：○○理事長、△△事業部長、□□課長、◆◆主任、
　　　　■■リーダー

議　案

1．理事長あいさつ	（15分）
2．前回確認事項	（５分）
3．議案１について	（30分）
4．議案２について	（30分）
5．議案３について	（30分）
6．全体まとめ	（５分）
7．次回日程確認	（５分）

経営理念「愛・感謝・奉仕」

③ 計画・準備②
会議の出席メンバーを選ぶ（Ｗｈｏ）

●会議の出席メンバーを選ぶときの3つの原則

会議がうまくいくかどうかは、出席メンバーの人選次第といっても過言ではありません。メンバーを選ぶ基本原則は、以下の３つです。

❶会議の目的を達成するうえで十分な能力を備え、その役割を強く自覚している人を選ぶ。
❷会議で結論を出す場合は、意思決定できる権限を持った人を入れる。
❸会議の決定に対しアクションを起こす必要のある場合は、その関係者を入れる。

●メンバーに欠かせない「部署の代表」という自覚

①の原則は、当然といえば当然なことです。出席メンバーは、会議の目的をしっかり理解

したうえで参加するのはもちろんのこと、議案に関する予備知識、会議を活性化する技能や態度といったものを備えておくことが大事です。部署の代表として、議案について部署の意見を集約しておくことも必要でしょう。

また、会議が終了したらそれで終わりではありません。その会議で話された内容や決定事項などを、同じ部署の他のスタッフなどにしっかり伝える役割もあります。

「後で議事録が回ってくるので、それを見てください」といった態度では、会議の決定事項や連絡事項が全スタッフに確実に伝わりません。

こうした自分の役割をしっかり自覚した人を、メンバーに選ぶことが何より大切です。

●スムーズに意思決定ができる人選としくみを

②の原則も、とても大切なポイントです。福祉・介護の職場で行われる会議の多くは、サービス利用者に関係したことが話し合われます。そのため、管理職や経営者が「君たちに任せるから」と言って、会議の運営が現場スタッフだけに任されることが多々あります。

それが情報伝達や関係部署間の調整を目的にしたものであれば、とくに問題はないのですが、議案によっては、その場で重大な決定をしなければならないことも出てきます。

そのときに、人を使う権限、組織を動かす権限（人事権）、金を使う権限（予算権）を持った人間がメンバーに入っていないと、「ここで何かを決めても、どうにもならない」ということになり、会議が頓挫してしまうケースがあります。現場の仕事に関することであっても、管理職や経営者が援助し、会議の運営に力を貸すことが必要な場合もあります。現場のスタッフにすべて丸投げして済むのであれば、管理職・経営者はいらないことになります。

また、組織の意思決定プロセスとして、下部の会議体で決定したことを上部の会議体に諮り、そこで権限を持つ管理職や経営層が最終決定するというスタイルの職場もあります。

こうしたケースでは、下部の会議体に決裁権限を持つメンバーがいなくてもよいでしょうが、何から何まで上部の会議体に諮らないと物事が決まらないとなると、時間ばかりかかってしまうデメリットもあります。

いずれにせよ、会議ごとにその出席メンバーで何が決定できるのかの権限を、はっきり決めておくことが何より大切です。

●「関係者全員参加」を前提としない

最後に③の原則についてですが、福祉・介護の職場では関係する部署から必ずだれかを会議に出席させるということが、前提になっているように思います。

ただ、それが形骸化につながっている面も見受けられます。

会議のメンバーが出席できなくなったときは、同じ部署からだれか代理を出すように言われて、会議の目的も議案もよくわからないまま同僚が出席することも少なくありません。うがった見方をすると、だれでもいいからその部署の人間を出席させておけば、後で「聞いていない」とか「知らなかった」と言われないだろうという、〝アリバイづくり〟の感じもします。

また、福祉・介護の職場では、関係者全員を招集する会議もしばしば見られます。現場の意見やアイデアをできるだけ多く募りたいということもあるかもしれませんが、筆者が見るところ、「全員がその会議の場にいた」という、これも〝アリバイづくり〟を大事にしているような印象を受けます。

人数が多すぎると、どんなに重要な会議であっても時間外にしかできず、その中身も議論というより一方通行の連絡になりがちです。

一般企業の場合は、管理職やリーダーが事前に部下から議案についての意見やアイデアを聞いておき、それを集約して会議で発表するというのが普通です。こうすれば、全員を会議に集めなくても、民主的に個々の意見を吸い上げることができます。

今後、福祉・介護の職場でも、このように縦のラインを整備して効率的に意見集約を進め、会議の生産性を上げる発想が必要になってくるのではないでしょうか。

④ 計画・準備③ 会議の開催場所を決める（Where）

落ち着いて会議ができるスペースがない

「会議をどこで行うか」は、会議の成果を左右する大変重要なファクターです。

筆者が福祉・介護の職場にお伺いしてたびたび感じるのは、スタッフどうしが落ち着いて打ち合わせをしたり、話し合える場所がきわめて限られているということです。

ある古い福祉施設では、利用者が食事をする食堂を使って、スタッフ・ミーティングをしています。

筆者もその場に立ち会ったことがありますが、利用者の姿が見えたり、声が拡散したりして、とても集中して話を聞いたり、議論するような雰囲気ではありません。

また、周囲から隔離されたかたちでスタッフが落ち着いて研修を受けられるスペースも、多くの職場で備わっていません。

こうした実情は、〝利用者サービス至上主義〟の結果といってもよいかもしれません。

会議に集中するためには、どうしても隔離されたスペースが必要です。そうした部屋が確保できない場合は、思い切って近くの会議スペースを借りることなども検討すべきだと思います。

出席メンバーが会議に集中できない実態

また、会議に出席していると、頻繁にコールや内線電話が鳴ってその都度、出席者が対応している光景をよく目にします。

とても重要な議論をしているときでも、メンバーはそちらに注意が注がれて議論が宙に浮いてしまうこともしばしばです。

こうした状態は、たとえ隔離された場所で会議が開かれていたとしても、なくならない別の問題をはらんでいます。

この問題については、後で詳しく述べることにします（118ページ参照）。

⑤ 計画・準備④ 会議の開催日時を確定する（When）

時間外の会議ははたして創造的か

24時間高齢者の介護や障害者の支援に追われるような施設では、利用者の心身状態をスタッフが共有するため、「申し送り」というミーティングが朝・夕の2回行われています。

こうした時間が決まっている定例ミーティング以外の会議の開催時間は、午前、午後、時間外のいつが適切でしょうか。

多くの職場では、利用者サービスの現場が優先されるため、時間外の「17時30分から」とか「18時から」となっています。

また、会議とは違いますが、スタッフ向けの研修も、こうした時間外に行われる場合がしばしばです。その時間でないと、参加者を集められないからです。

筆者も研修に呼ばれて、時間外に2時間程度話をさせていただくことがありますが、参加者のみなさんは1日仕事を終えた後で、精神的にも肉体的にもくたくたに疲れています。研修が始まって間もなく、居眠りをしてしまう人も少なくありません。

このような時間帯に会議をやっても、はたして議論が盛り上がったり、創造的なアイデアや意見が出てくるでしょうか。

やはり何か新しいアイデアや創造的な意見が求められるような会議は、日中、できれば疲れていない午前中に行うのがベストでしょう。

しかし、午前や午後に会議のメンバー全員を集めるのは至難の業という職場も多く、そういう状況では、日中に時間がかかる会議を開くのはむずかしくなります。

組織運営上重要で、どうしても開かなければいけない会議であれば、必要最小限のメンバーに手当を出して、休日に行うことも検討すべきでしょう。

●できれば1時間以内、長くても2時間以内に

会議にかける時間ですが、出席メンバーはだれもが忙しい仕事を抱えています。基本は1時間以内、最長でも2時間で終了するのがいいでしょう。

人間の集中力はそう長くは続きません。同じメンバーが長時間顔を突き合わせて話し合いを続けても、会議の成果がどんどん積み上げられるとも思えません。

この時間内に収めるには、先述したように議案を絞ることがなにより大切です。

⑥ 計画・準備⑤
どのようにして結論へと導くか（Ｈｏｗ）

会議を開いて、出席メンバーから1人ずつ意見を聞いていけば議論に発展し、自然によい結論が出るなどということはめったにありません。

会議の結論の出し方で、とくに司会進行役が心得ておきたい基本的なポイントを3つあげます。

なお、具体的な進行のポイント、注意点については、Ｐａｒｔ4で詳しく説明します。

●結論を導くポイント①——会議の流れ、落としどころを考えておく

場当たり的に話し合いを進めても、なかなか期待するような成果は得られません。司会進行役は事前に、各議案の進行のシナリオと結論の〝落としどころ〟をよく考えておく必要があります。

こうした準備をしたうえで、自ら頭に描いたシナリオに沿って議事を進行させれば、おの

ずと結論は〝落としどころ〟に落ち着くものです。
もちろん、シナリオどおりに会議が展開しないこともありますが、その場合でも、方向を誤らずに軌道修正を行うことができます。

●結論を導くポイント②――経営理念や組織目標にベクトルを合わせる

会議の結論を出すときは、それが経営理念に沿ったものか、組織目標を踏まえたものか、ということをよく吟味しなければなりません。

そのため、司会進行役は経営理念や組織目標をしっかり頭に入れておき、「会議を通して理念や目標を浸透させる」という視点を忘れてはいけません。

いくら活発な意見交換が行われても、それが単なる個人の思いや価値観の表出だったり、自分たちの部署の利害のみに立脚したものであれば、軌道修正しなければなりません。

司会進行役だけでなく、メンバー全員に同じ意識を持ってもらうため、会議が始まる前にみんなで経営理念を唱和したり、会議の資料に経営理念を刷り込んでおくような工夫があってもよいでしょう。

●結論を導くポイント③――必ず1つだけでも何かを決定する

せっかく忙しい時間を割いて会議に出席したのに、延々と議案とは関係のない話ばかり聞かされたとか、結局何も決まらなかったということが続くと、だれもがうんざりしてしまいます。

そして、次も同じような会議に出席しなければならないのかと考えると、モチベーションはどんどん下がってしまいます。

こうしたことを防ぐには、会議で人が集まったら何か1つでもいいから、必ず会議の目的に合った結論を導き出すことです。そうすれば、「自分たちの時間はムダに使われなかった」、「良い方向へ進む一歩が踏み出せた」という思いにつながります。

column 4

「仕事は面倒くさいもの」という上司の一言

どんな仕事でもそうですが、面倒がらずに黙々とやることがレベルアップにつながります。そのことを教えてくれたのは、若い頃筆者の上司だった人です。

当時の筆者はとても生意気で、仕事は効率的にやることが一番大事だと考えていました。余計な仕事、意味のない仕事は極力省くか、何か別の方法で代替するということばかりを考えて仕事をしていました。

あるとき上司からカタログのコピーを頼まれました。生意気だった私は、こんな単純な仕事はほかに何かやり方があるんじゃないかと考えて、つい「面倒くさいなぁ」とつぶやいてしまいました。

そのときに上司から返ってきた言葉が、いまでも忘れられません。それは、「仕事は面倒くさいもんだよ」という一言でした。

私は、自分のつぶやきが聞こえてしまったバツの悪さを感じながら、その一言が妙にぐさっと心に突き刺さりました。

上司はそれ以上何も言いませんでしたが、「仕事をはしょることや効率的にやることばかり考えていると、本質を見落とすぞ」という警告であったと受け止めています。

いまでも、仕事が大変で少しでも楽をしようと考えてしまうようなとき、この上司の言葉が思い出されます。

⑦ 会議後のフォロー①

実施内容を評価・分析する（Ｃｈｅｃｋ）

●会議のやりっ放しからは何も生まれない

前項まで、会議の「ＰＤＣＡマネジメントサイクル」（25ページ参照）の「Ｐ」のフェーズについて説明してきました。次の「Ｄ」（Ｄｏ）のフェーズは、本書の中心的なテーマなので、章を改めてＰａｒｔ４で詳しく説明します。

本項と次項では、会議後のフォローともいうべき、実施内容の評価・分析（「Ｃ」＝Ｃｈｅｃｋ）と、今後に向けての見直し・改善（「Ａ」＝Ａｃｔｉｏｎ）のフェーズについて説明します。

筆者は福祉・介護の職場の会議に数多く出席しましたが、こうしたプロセスを踏んでいるところはわずかです。ほとんどは、会議のやりっ放しです。

なぜ、やりっ放しになるのか、その原因はいろいろあると思いますが、会議における役割・責任が明確になっていないことが一番大きな原因ではないでしょうか。

たとえば、司会進行役が毎回持ち回りで行われる会議を見かけます。こうしたやり方だと、どうしても責任があいまいになってしまい、「今日の会議の進行で何か問題はなかったのか」とか、「もっと効率的な会議にするにはどうしたらよいか」といったことを考えなくなります。

やりっ放しからは、何の反省も生まれません。反省しなければ、改善されることもありません。「ＰＤＣＡマネジメントサイクル」をくり返すことでしか、その職場の会議がよくなることはないと言っても過言ではないのです。

会議を振り返って評価を下す具体的手法

さて、Ｃｈｅｃｋのフェーズですが、これは会議を実施してみた結果、事前に考えていた計画どおりにできたか、目的を十分達成できたかどうかを評価・分析する作業です。

もし、計画どおりにいかなかったら、その原因は何だったのかを確認します。また、計画どおりにはできたが、目的を達成できなかった場合は、計画自体に問題がなかったかどうか評価します。

会議を振り返り、評価するやり方はいろいろありますが、一般的な２つの手法を紹介します。

5．When【開催日時】

□会議の目的に合った開催時期だったか？

□他の仕事に支障のない時間帯に開催できたか？

□予定通りの時間に開催できたか？

□終了時刻が守られたか？

6．How【運営の段取り】

□資料の内容、配布時期は適切だったか？

□予定していた議題から議論が逸れなかったか？

□出席者の参画意識が高く、意見が十分出されたか？

□意見の集約がうまくできたか？

●会議を振り返るチェックシートの例

1．Why【目的】

□会議の目的が出席者全員に浸透していたか？

□会議を行って目的が達成されたか？

2．What【議題】

□設定した議題は適切なものだったか？

□予定していた議題を効率よく処理できたか？

3．Who【出席者】

□会議の目的に合った出席者を選んだか？

□欠席者、遅刻者はいなかったか？

□途中で席をはずす人はいなかったか？

□出席者のモラルは高かったか？

□司会進行役は適任だったか？

4．Where【会場】

□会議の目的に合った会場だったか？

□出席者が会議に集中できる環境だったか？

□会議に必要な備品がそろっていたか？

（1）シートを使って会議を振り返る

現在筆者は、ある社会福祉法人で委員会の運営のお手伝いをしており、会議では法人職員の方が務める司会進行役をアシストしています。

92～93ページに掲げた書式は、そこで使っている「会議を振り返るチェックシート」です。委員会の会議が終わるたびに、このシートにしたがって、筆者と司会進行役の職員の方と最高責任者の理事長の３人で会議を振り返っています。

こうした地味な取り組みが次第に会議の質を上げ、効率的、創造的な会議運営の礎になると考えています。

（2）会議の満足度アンケート調査を実施する

出席メンバーに対して、今日の会議の満足度はどうだったかのアンケート調査も、会議の質を上げるために有効な方法です。

それぞれの立場で会議に出席しているメンバーは、いろいろな意見や感想を持っているものです。それを率直に書き出してもらい、次回以降の会議の運営に生かしていきます。

とくに会議を立ち上げたばかりのときは、こうしたアンケート調査を毎回行うとよいでしょう。左ページのシートは筆者が実際に使っているものです。参考にしてみてください。

●会議満足度アンケートの例

平成○年○月○日

○○会議アンケート

今日の会議を振り返り、以下の設問に対する答えを１つ選んで○を付け、それぞれ感想、ご意見のコメントを１行以上お書きください。

1．今日の会議に出席した価値がありましたか？

時間のムダ　　あまり有効でない　　有効　　とても有効

2．進行役は役割を果たしていましたか？

まったく役割を果たしていなかった
ほとんど役割を果たしていなかった
まあまあ役割を果たしていた
とてもよく役割を果たしていた

3．あなたはどのくらい会議に貢献することができましたか？

自分の発言は考慮されなかった　　自分の発言が結論に生かされた

4．決定されたことに満足していますか？

まったく不満　　少し不満　　まあまあ　　満足　　とても満足

※次の会議を改善するために、提案があれば是非お願いします。

⑧ 会議後のフォロー②
実施内容を見直し、改善する（Ａｃｔｉｏｎ）

次にＡｃｔｉｏｎのフェーズですが、これは「調整」といった意味合いで、計画自体や会議のやり方を見直すことです。そして経営目的が実現されるように、会議内容を修正・改善していきます。

具体的にどういうことを見直したり改善するかは、左ページのとおりですが、本項では、①の「出席メンバーの変更」と⑤の「会議の統廃合」について説明します。

●マンネリを防ぐために定期的にメンバーの見直しを

たいていの会議は、最初から出席メンバーが決められていて、司会進行役にはメンバー構成の権限が与えられていないことが多いと思います。

しかし、長い期間にわたる会議では、定期的にメンバー構成について問題がないか検証し、問題があれば提案できるようにすべきです。

●会議の見直し、改善のポイント

①出席メンバーの変更

- 経験の少ない職員を入れて、会議を経験してもらう。
- 発言が少ないメンバーを変更する。
- コンサルタント等、第三者をオブザーバー出席させて、会議を活性化させる。

②司会進行役の変更

- 年度替わりのタイミング等を見計らって、出席メンバーから選出する。
- 同じ程度の力量のある職員を抜てきする。

③会議開催場所の変更

- 定期的に場所を変えることで新たな緊張感と新鮮な環境をつくる。たとえば、事業所を複数持っている企業では、他の事業所の視察見学もかねて、毎回違う場所で会議を開催してみるなど。

④組織上の会議の位置付けの変更

- 経営に直結する会議なので経営者の直接下に会議体を設置し直すなどの組織上の位置付けを変更する。

⑤会議の統廃合

- 新年度の事業計画策定時に、役割があいまいな会議を廃止したり、別の類似した会議に吸収する。

たとえば、メンバーの人数が多すぎないか、あるいは少なすぎないかといったことは、何回か会議を重ねれば、すぐに実感できます。

人数が多すぎると結論を導くのに時間がかかりすぎたり、いろいろな意見が出すぎてまとまらなかったりします。

かといって少なすぎると、良いアイデアや意見がなかなか出てこなかったり、非常に安易な結論しか導き出せず会議が有効に機能しないこともあります。

会議を効率よく運営していくには、必要最低限のメンバーに絞り込むことが何より大切です。

会議の目的を理解していなかったり、参加意識が低いメンバーは、せいぜい延々とメモを取るだけで、活発に意見を述べたり、創造的なアイデアを出すようなことはあまり期待できません。

そういうメンバーを会議に出席させておくのは、経営資源のムダ使いといっていいでしょう。現場で利用者に関わってもらっていたほうが、ずっと助かります。

会議が形骸化していたり、マンネリになっていて有効に機能していないと感じたときは、立場が違うメンバーや利害関係がまったくない第三者を出席させたりすることも有効です。

筆者も福祉・介護の職場の会議に、オブザーバーや司会進行役のアシスタントとして加わってほしいと頼まれることがよくあります。

こうしたメンバーを新たに加えると、いままでとは違った発想、アイデアが出てくることが多々ありますし、従来のメンバーを活性化することも期待できます。また、それまでの会議の運営方法を考え直すきっかけになることもあります。

●大きな権限を持った人の出席がマイナスに働くことも

先に、「会議で結論を出す場合は、意思決定できる権限を持った人を入れる」というメンバー人選の原則を述べました（78ページ参照）が、これもケースバイケースで見直してもよいことがあります。

最近筆者が関わっている事業所での話です。

その事業所では職場全体に人事考課制度を定着させようと考えていて、現場から率直な意見を吸い上げるための会議を設けました。

メンバーは、各部門の代表7名に、すべての権限を持った理事長も加わっています。

ある日、理事長に急用が入り会議を欠席しました。すると、いつもはなかなか聞くことのできない、現場の率直な意見やメンバーの本音が出てきて、会議がとても盛り上がりました。

会議終了後のアンケートでも、「たまには理事長が出席されないときがあってもいいのではないか」という意見がありました。

そもそも理事長に出席してもらっていたのは、意思決定できる権限を持った人が必要という理由から筆者がお願いしたものでした。

しかし、強力な人事権を持った人物が会議に出席すると、現場の率直な意見が出にくくなってしまうというデメリットがあることもわかり、大変貴重な教訓になりました。

1年に一度、会議の棚卸しをして統廃合を考える

福祉・介護の職場の場合、いろいろな名称の会議があっても、出席するメンバーはどれもほぼ同じというケースが少なくありません。

これは、形骸化したお仕着せの会議が多かったり、何か問題が起きると、安易に対策の会議をつくってきたためと思われます。

会議の名前が変わったからといって、同じ人からまったく違うアイデアや発想が生まれるとは考えにくいものです。

そこで、年度の終了時に、今年度実施してきた会議の存在自体を見直し、統廃合を検討しましょう。

とくにプロジェクト的な委員会などは、すでに当初の目的を達成している場合も考えられます。

たとえば、職員の離職率を抑制するため、2年前に職場の環境を改善するプロジェクトを立ち上げたとしましょう。そして2年間活動してきた結果、離職率が全国平均を大きく下回ったとします。

これは、プロジェクトを立ち上げた当初の目的を達成したことになります。こうなれば、これまでどおりのプロジェクトを続ける意味はありません。解散して、そこに投入してきた人的資源や時間を他の目的に振り向けるべきです。

もし、まだ何か課題が残っていて、プロジェクトの存続が必要であっても、会議の開催頻度を少なくするといった検討は必要でしょう。

要は、目的を果たした会議をいつまでも残しておいて形骸化させないということです。

column 5

介護事業所の経営の二極化

厚生労働省の「平成22年度介護事業経営実態調査」によると、社会福祉法人が経営する特別養護老人ホームの収支差額（利益）率は、全国平均で12％となっています。全産業の平均利益率が約1・3％なので、特別養護老人ホームの経営環境は、他産業に比べるときわめて良好と考えられます。

それにもかかわらず、赤字を計上している施設が全体の34・3％にも上っていて、経営の二極化が進んでいます。

これは、特別養護老人ホームだけでなくデイサービスやグループホームといった在宅サービスの事業所もだいたい同じ傾向です。

では、良好な経営を続けている施設と赤字体質の施設に分かれた原因は何でしょうか。それは、理事長や施設長といったトップの経営者意識、マネジメント能力の有無に尽きます。

特別養護老人ホーム等の介護事業の経営は、利用者の安定的な確保と優秀な職員の定着の二点に帰結します。

特別養護老人ホームの黒字赤字を分ける稼働率の分岐点は96％ですが、マネジメントが機能している施設では、利用者が入院等の理由で部屋が空いた場合、すぐに新しい利用者が入居できるような仕組みがルーチンワークに組み込まれていて、年間を通じて稼働率が安定しています。

一方、マネジメントが利いていない施設では、こうした業務をやるかやらないかは現場に一切任されています。任されているというよりは何も管理されていません。

したがって、目端が利く優秀な職員がいれば、こうした空室管理がなされますが、その職員が辞めてしまったり、人事異動等でいなくなってしまうと、その業務がすっかり抜けてしまいます。

こうした優秀な職員がいるのはレアケースであり、多くの場合、必要性は理解していても、だれがそれをやるのかの役割分担が明確にされていないため、だれも行わず、稼働率も成り行きに任されるままになっています。

これが、「マネジメントが利いていない」ということです。

Part

4

実りある会議にするための司会進行役の役割、出席者の心得

事前の計画・準備どおりに会議を進めるには、司会進行役の手腕にかかっていますし、出席メンバーの意識も大切です。

Part 4では、「PDCAマネジメントサイクル」の「Do」＝会議の運営、議事進行のノウハウや出席者の心得について説明します。

① 会議のリーダー・司会進行役に求められるスキル

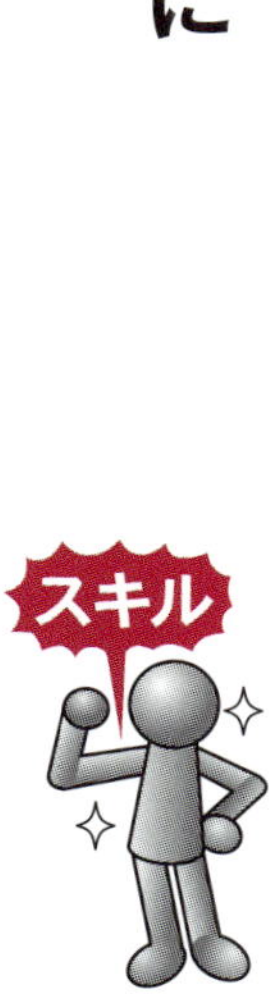

●幅広い役割を担う会議の司会進行役

学校のホームルームから国会まで、どのような会議であっても、司会進行役（議長）が大変重要な役割を担っていることは、よくおわかりのことと思います。

その役割を整理すると、以下のようになります。

❶会議の目的を明確にして、それを出席メンバーに周知する。
❷事前に議案を考えたり、議案を募り、当日の会議の進め方、結論の落としどころを考えておく。
❸予定された時間どおりに会議を始め、予定時間どおりに終わらせる。
❹出席者全員の意見をうまく汲み上げ、結論を導く。
❺会議で決定した事項が実践されるように働きかける。

❻会議で決まらなかった議案を整理し、次回以降に決定できるように準備をする。
❼会議を振り返り、運営方法の改善点や出席メンバーの参加意識を探り、次回以降の会議に反映させ、会議の質を上げていく。
❽年間を通して実施してきた会議を評価・検証し、来年度も必要な会議かどうか検討する。

このように会議の司会進行役は、会議前から会議後まで、じつに幅広い役割を担っています。

よく会議の司会進行を持ち回りでやっているケースがありますが、責任の所在が不明確になるとともに、会議の質を上げていくことがむずかしくなります。

その結果、会議がどのように行われるか、毎回始まってみないとわからないような事態になり、会議の運営が安定しません。

こうした理由から、司会進行役は専任にすべきだと思います。

●リーダーに求められる3つの基本スキル

司会進行役は、まさに会議の場を取り仕切るリーダーとしての存在ですが、一般的に「リーダー」と呼ばれる人には、大きく次の3つのスキルが求められます。

(1) コンセプチュアル・スキル（概念化能力）

リーダーは、組織のメンバーを経営理念や経営方針といった上位概念で結びつける役割を担っています。またそうした理念や方針を、意思決定の際の判断基準にしなければなりません。そのためリーダーは、ものごとを概念化する能力が非常に求められます。

言葉で説明するのはなかなかむずかしいスキルですが、次のようなことができる能力です。

- 部分最適でなく、全体最適の考え方ができる。
- 手段手法にとらわれない目的志向の考え方ができる。
- 暗黙知があり、理論をさまざまな場面で応用できる。
- 状況をしっかり分析する力があり、目的達成に向けた戦略的な思考ができる。

3つのスキルのなかでは最もハードルが高く、簡単には身に付けられないスキルといえます。

（2）ヒューマン・スキル（対人関係能力）

共通の目標に向かって他人を動機付け、チームとして結び付けることができるコミュニケーション能力です。

さらには、中立的な立場で話が聞けて、人に対してリーダーシップが取れるスキルです。

（3）テクニカル・スキル（職務に関する知識・技術）

リーダーシップを発揮するには、ヒューマン・スキルだけでなく、職務遂行に必要な知識や技術も持ち合わせていなければなりません。

これはコンセプチュアル・スキルの「暗黙知」に対して、本を読んで理解したり、経験や仕事を通して身に付けることができる、いわゆる「形式知」といわれるものです。

3つのスキルのなかでは、比較的身に付けるうえでハードルが低いスキルといえるでしょう。

●会議をスムーズに運営するための6つのスキル

一般的に、リーダーには以上の3つのスキルが求められますが、会議のリーダーである司会進行役は、こうしたスキルをベースにして、さらに具体的にどのようなスキルが求められるのでしょうか。

リーダー（LEADER）の頭文字を取って、次の6つのスキルに集約してみました。

（1）L（Listen）――傾聴できるスキル

要領を得ない話や長々とした意見を聞くのはとても骨が折れますが、そうした発言も最後までしっかり聞けるスキル（覚悟といってよいかもしれません）が欠かせません。

単に話の内容に耳を傾けるだけでなく、その人の表情や身ぶりなども併せて観察し、真意をうかがうことが大事です。

さらに、発言の趣旨がわかりづらいときは、反芻《はんすう》して他のメンバーに伝えられるスキルも必要です。

（2）E（Explain）――説明するスキル

出席メンバーに対して、会議の目的・背景・趣旨を、事前にあるいは会議の冒頭でしっかり説明できなければいけません。

また、会議に役立つさまざまな情報を事前に入手し、それを漏れなく提供できるようにすることも必要です。

（3）A（Assist）――支援するスキル

司会進行係は、出席メンバーの発言を促し、活発な議論になるよう、個々の発言に対してフォローしたり、新たな視点を提供して、全員が納得できる結論を導き出すスキルも求められます。

サッカーで「アシスト」というと、ゴールにつながるパスを出すことですが、メンバーにゴールを決めさせるようなスキルです。

（4）D（Discuss）――議論を促すスキル

会議は複数の人が話し合う場です。特定の人が一方的に話をする演説会ではありません。司会進行役には、状況を観察しながら会議が議論の場になるよう、また議論が盛り上がるよう、出席メンバーを動機付けるスキルも必要です。

たとえば、議案から外れた発言をするメンバーを注意したり、発言しないメンバーに対して働きかけができなければなりません。いわば、〝場を支配するスキル〟といえます。

なかには、意見を言わずに、表情や態度で会議に対する不満や不平を表現する人がいますが、放置しておくと議論の妨げになるので、会議終了後に話を聞いて、次回の会議までにはその不平・不満を払しょくしておくことも求められます。

(5) E (Evaluate) ——評価するスキル

前述した「PDCAマネジメントサイクル」のなかでは、Planづくりのための現状のアセスメント(分析・評価)と実施結果を評価するCheckのフェーズが一番重要であり、また、一番おろそかにされてしまう部分でもあります。

Part3で述べたように、司会進行役はしっかり会議を振り返り、改善点を見出せるようなスキルを身に付けなければなりません。

普段の仕事でもこうした〝振り返り癖〟を付けておくことで会議の場でも応用できます。

(6) R (Respond) ——責任を全うするスキル

司会進行係は、会議を計画し、計画どおりに実施・運営し、有意義な結論を導き出し、その結論・決定が速やかに現場に浸透するよう働きかけ、さらに会議を振り返って、今後の計画や運営手法を練り直すという広範な役割・責任を担っています。

それを全うするには、さまざまな会議の運営方法を学んで実践できるようにならなければなりません。

●司会進行役に求められるさまざまなスキル

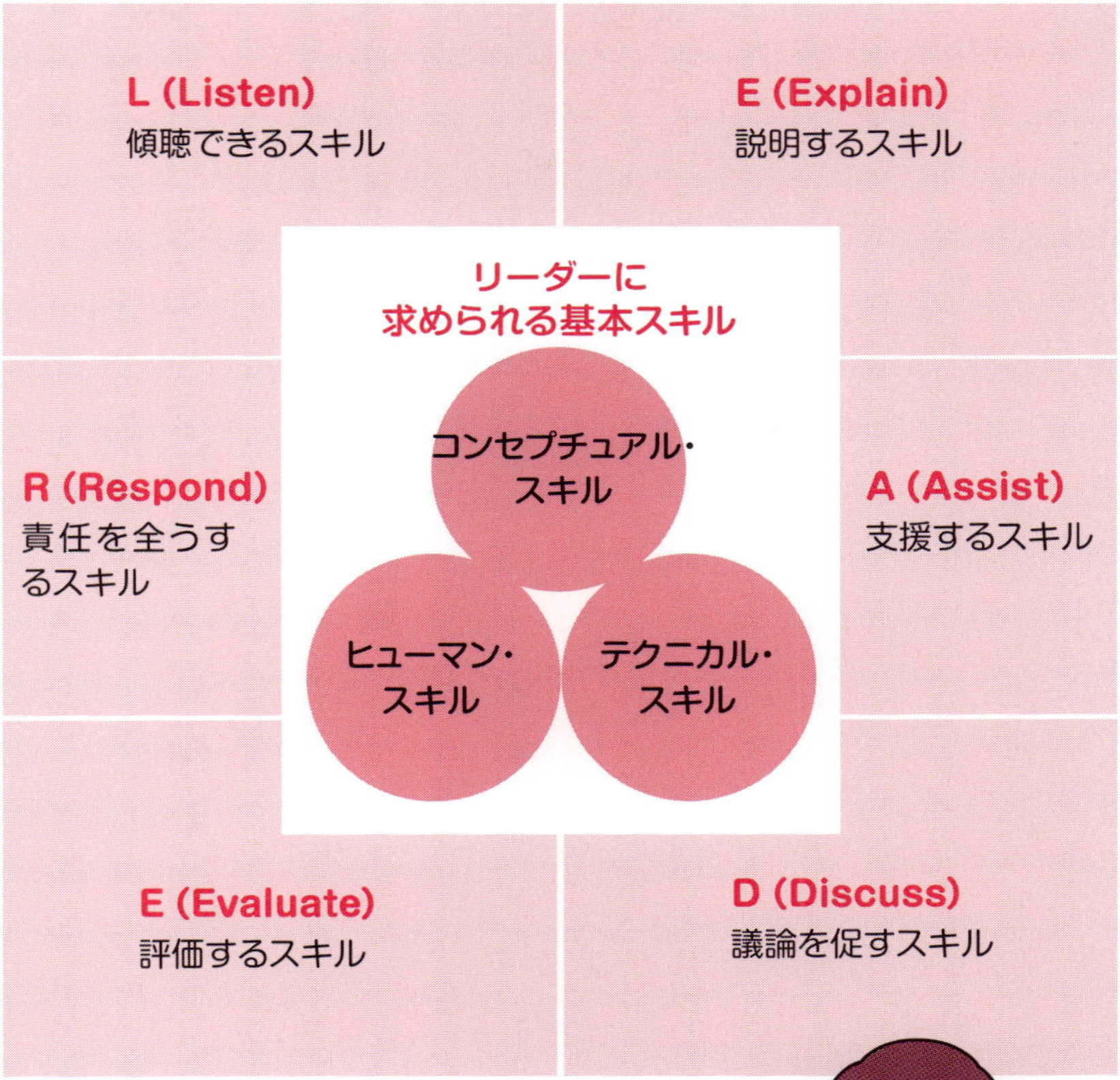

②「予定の時間に始めて、予定の時間に終わる」ことが大前提

●遅刻に対する職場全体の甘い認識

司会進行役は、会議の時間を最大限有効に活用しなければなりません。その大前提ともいえるルールは、「予定の時間に始めて、予定の時間に終わる」ことです。

たいていの参加者はその大切さをよくわかっていて、時間に遅れないよう、会議が開かれる10分くらい前には仕事をやりくりして中断し、5分くらい前には会議が行われる部屋に来て席に座っています。

しかし、なかなか徹底されません。1人、2人と遅れて部屋に入ってくるということが多いのではないでしょうか。

なかには、開始予定時間前に集合している人のほうが少なくて、時間が過ぎてから人が集まりだすようなこともあります。これは論外ですが、遅刻の常習犯は、「少しくらい遅れても……」という甘えがあります。

遅刻は、先に集まっていたメンバーのマインドにも大きな影響を与えます。「自分だって忙しいなか、時間をやりくりしてちゃんと来ているのに……」と、だれもが考えます。

司会進行役は、遅れてくるメンバーには構わず、開始時間になったら会議を始めるべきです。そして遅れて部屋に入ってきた人には、遅刻の理由を聞きただすくらいの管理・統制力が求められます。

そうすることが、時間どおりに集まったメンバーに対して敬意を払うことにもなります。遅刻は厳しく取り締まりましょう。

●司会進行役に欠かせない時間管理の意識

出席するメンバーは、貴重な時間をやりくりして会議に集まってきます。また、会議の終了予定時間に合わせて、その後の仕事の段取りを考えているはずです。

進行の拙《つたな》さから会議が予定時間を超えてだらだらと続いたら、メンバーのだれもが不満を抱くのは間違いありません。そして、次回以降の会議に対するモチベーションが一気に低下してしまいます。

したがって司会進行役には、時間管理に十分配慮することが求められます。

まず大切なことは、会議の計画・準備段階で議案を決めるときに、「この議題は10分、この議題は30分」というふうに時間配分を考え、それに沿って会議を進行していくことです（77ページ参照）。成り行きに任せて1つの議案を延々と議論するようなやり方は、効率的な会議運営とはいえません。

もちろん、実際に会議を始めてみると、ある議題についての話し合いが紛糾し、想定どおりに進まないこともあるでしょう。

そうした場合、「後の議案は次回へ持ち越し」という判断があってもよいかと思いますが、できるだけ時間の調整を図りながら、当初予定していた議案を消化することです。

「時間」という経営資源を預かっているという認識を持つ

時間管理とは、「経営者から預かった〝時間〟という経営資源を管理・活用して目的を達成すること」です。

会議の司会進行役は、経営者から出席メンバーの時間を預けてもらっていて、その時間をフルに活用して目的に導くことが使命だと心がけたいものです。

左ページの図は、目的の達成度とかけた時間との関係をマトリックスで示したものです。

司会進行役には、時間という重要な経営資源を「①価値が大きい時間」や「②価値ある時間」になるよう、会議を運営していくことが求められます。

●時間の価値についてのマトリックス

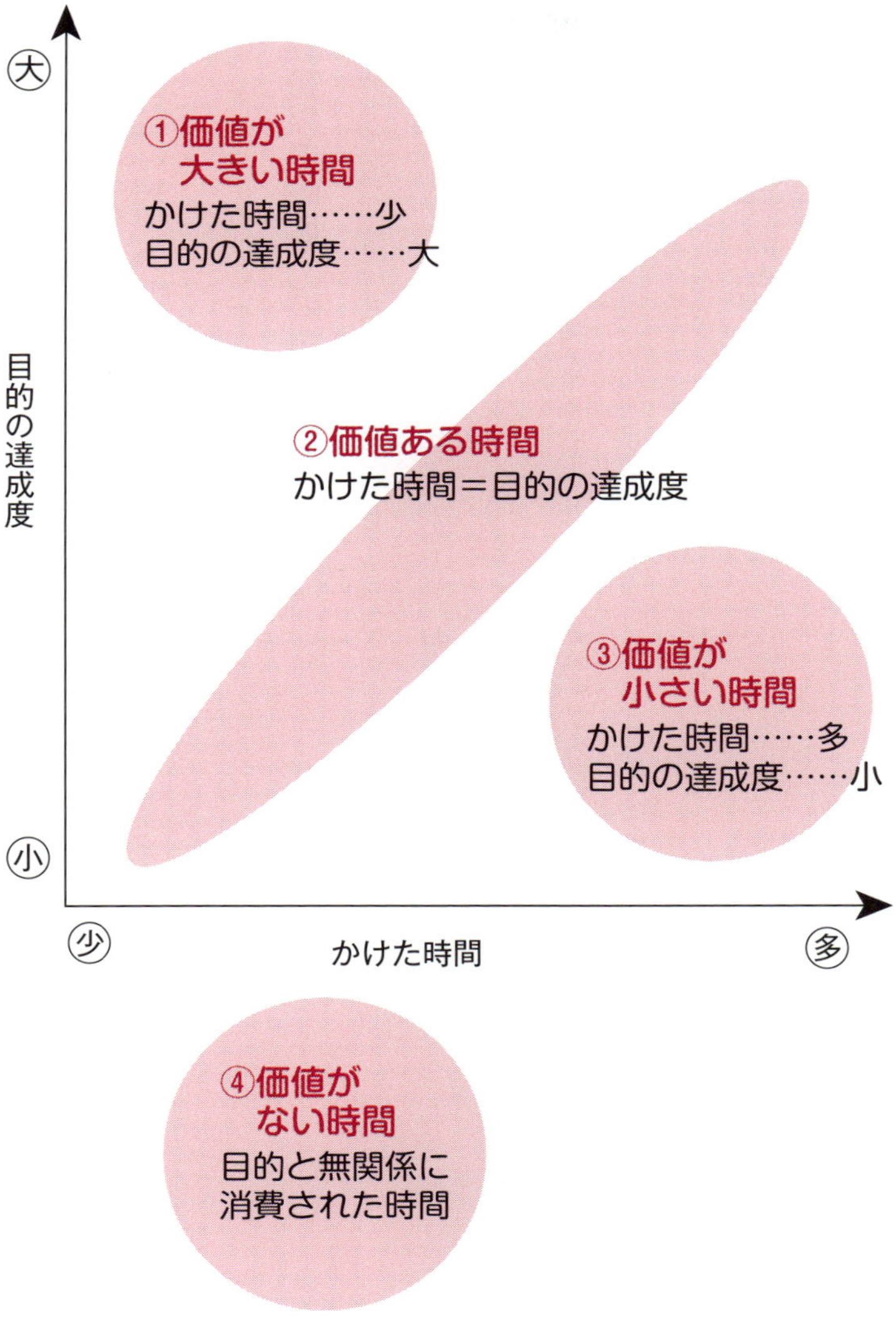

③ 現場からの呼び出しに応じた途中離席・退出をなくす

●会議中の離席・退出が頻繁な背景

福祉・介護の職場の会議では、遅刻だけでなく、途中離席・退出も目につきます。

とくにリーダー的な存在のスタッフが、現場からの呼び出しに応じて、あわただしく部屋を出て行くケースが顕著です。このように、出席メンバーが会議中に頻繁に出入りするような状況では、落ち着いて議論に集中することができなくなります。

そして、離席・退出した人が戻ってきたら、不在中の伝達事項や議論をいちいち伝えなくてはなりません。こうしたことは、完全に時間のムダです

福祉・介護の職場の多くは、「現場から要請があったら、何をおいても対応することが一番大事」という雰囲気があります。

「会議も利用者サービスと同じくらい大事な仕事だ」ということが、職場のスタッフ全員に共有されていないと、こうした会議の実態は変わらないでしょう。

●メンバーが会議に集中できるルールづくりを

途中離席・退出がなくならない状態を断ち切るのは、たとえば次のようなルールつくって会議に邪魔が入らないようにすることです。

- 利用者の生命に関わるような重大な事態を除いて、会議室への内線電話や携帯電話での呼び出しを禁止する。
- 会議の休憩時間をあらかじめ決めておき、外部との連絡はその時間に限るようにする。

さらに徹底するなら、次のような措置も検討すべきでしょう。

- 会議室には内線電話を設置しない。
- 会議室に携帯電話を持ち込ませない。
- 全館放送の音量を会議室では個別に調整できるようにしておく（これは施設設計段階でやっておかないといけませんが）。

④ 判断材料となる資料やホワイトボードなど、視覚化のツールを用意する

●メンバーの共通理解のための資料の準備は不可欠

「人の話は7％しかその内容は伝わらない」という研究データがあります。会議で人の説明や意見を耳から聞いただけでは、この程度の理解にとどまってしまいます。

また、言葉のやり取りだけの議論では、話の展開が頭の中ですっきり整理できず、出席メンバー全員が同じ認識を得るのに多くの時間がかかってしまいます。

「百聞は一見にしかず」という言葉がありますが、議案に必要な情報や結論を導くための判断材料といったものは、できるだけ目に見える資料を用意しておくことが大切です。

●発言内容を視覚化するのに便利なホワイトボード

また、議論の過程で事前に用意した資料では想定していなかったような意見や事実が出てくることがあります。

そうした場合は、ホワイトボードを使って、議論のプロセスを書き出していくと、出席者全員の頭を一つにまとめるのに役立ちます。

また、集団でアイデアを出し合うブレーンストーミング的な場面でも、ホワイトボードが重宝します。

筆者は以前、コンピュータソフトウエアの設計の仕事をしていましたが、こうした仕事では、技術者の頭の中にある知識やアイデアをいかに他のメンバーにわかってもらうかがとても重要になります。

しかしそうしたものは、口頭で話し続けても他のメンバーにはなかなか伝わりません。

そういうときに、ホワイトボードを使ってアイデアを図式化したり、皆が知らない知識・技術をキーワード化したりして、あいまいな部分を理解してもらえた経験がしばしばあります。

会議も基本的には、人の頭の中にある知識や事実やアイデアを披瀝《ひれき》してもらい、それをベースに結論へと導く作業です。

ホワイトボードを用意し、それを活用すれば、単に言葉が行き交うだけの会議と比べて、格段に効率的な進行になり、創造的なアイデアも生まれやすくなります。

ホワイトボードを活用するメリットについて、主なものを以下にあげておきます。

❶文字だけでなく、図やイラストなども使ってわかりやすく視覚に訴えかけることができる。
❷自分の発言やアイデアが記録されるので、議論への参加意識が高まる。
❸記録された内容は、全員が聞いた証拠となる。
❹堂々巡りの議論を避けることができ、話し合いの焦点が明確になる。
❺発言やアイデアどうしの類似性や関係性が明確になり、議論を積み上げていける。
❻休憩や中断などの後に、どこまで話し合ったかを思い出すのに役立つ。
❼議論のプロセスを追っていけるので、会議の達成感を味わうことができる。

ホワイトボードへの記録係は、それ相応のテクニックが必要になります。係を固定せず、メンバー全員が交代で経験してみるとよいでしょう。

実際に経験してみるとわかりますが、記録係をやっていると、会議の運営方法の良し悪しや会議の改善点といったものが実感できます。それはきっと、自分が司会進行役を務める際に役立つはずです。私が記録係を行う際に心がけていることを、左ページにあげますので参考にしてみてください。

●発言内容をホワイトボードに記録するコツ

- 出てきた意見を時系列に書き留める。
- 発言者が言った言葉を忠実に書き留める。ただし、発言に合わせたスピードが要求されるので、むずしい漢字やわからない漢字は、ひらがなかカタカナで書く。
- 文字は、会議のメンバー全員が読めるような大きさではっきりと書く。
- 結論に影響を与えそうな意見は、とくに赤字で書くか、大きく目立たせて書く。
- 意見が長くてまとまらない場合は、要点のみをキーワードにして書き留め、趣旨はこういうことでよいか、発言者に確認する。
- すでに書かれている意見と類似した意見は書き留めず、新しい意見のみを書き留める。
- 関連する意見は、矢印などを使って関連がわかるようにする。

⑤ メンバーの発言をどう聞き、議論の交通整理をするか

会議ではさまざまな発言が飛び交いますが、司会進行役はその発言にどう対応すればよいでしょうか。原則は次の3つです。

●発言への対応の原則①――話を傾聴し、場の様子を観察する

最も大切なことは、どのような発言であれ、きちんと傾聴することです。

「傾聴」とは、単に話の内容に耳を傾けることではありません。発言者の表情や態度などもよく観察して、その人が本当に何を言いたいのかを見極めることです。

ありふれた意見が述べられたとしても、どのような思いでそれを言っているのか、本当に言いたいことはもっとほかにあるのではないかといったことまで、推測することです。

また、発言者だけでなく、話を聞いている他のメンバーの表情や態度なども観察します。

その様子から、発言者の意見に賛成なのか、反対なのか、関心がないのかといったこと

が、おおよそつかめます。

このように、会議の場全体を観察しながら活発な話し合いにつながるよう働きかけていく力が司会進行役には求められます。

発言への対応の原則②――中立・公正な態度を守る

司会進行役は、議論の調整役、いわゆる「ファシリテーター」で、出席メンバーから意見が活発に出るように働きかける役回りです。

したがって、自分自身はニュートラルな立場でいることを心がけなければなりません。

職場の会議で司会進行役を務めるのは、仕事でもリーダー格の人が多いと思いますが、決定権者が司会進行役を兼ねると、〝独演会〟になってしまいがちなので注意が必要です。

また、日頃の上下関係や派閥、人脈などにとらわれすぎて、メンバーから出された意見を中立・公正な態度で聞けない司会進行役がいます。よく目にするのは、早く結論を導きたいがため、権限を持った人の意見にすぐ与《くみ》してしまう人です。

司会進行役がこうした態度では、メンバーは会議で率直な意見を言いづらくなります。

司会進行役が中立・公正な態度を守るために最も大切なことは、発言機会の公平性を心がけるということです。そのためには、会議中何も発言しない人や、ずっと1人でしゃべっているような人をつくらないことが大切です。
こうしたタイプへの対応については、次項で説明します。

●発言への対応の原則③——少数意見を簡単に切り捨てない

ある議案について出席メンバーの意見を聞いていくと、多数意見と少数意見に分かれることがよくあります。むずかしいのは、こうしたケースでの少数意見の扱いです。

論点がまったく違っている意見や、会議のルールを無視したような意見であれば切り捨てても問題ありませんが、安易な結論に至らないようにするために、大事にしなければならない少数意見もあります。そういう意見は、司会進行役が応援するくらいのスタンスで対応することも必要だと思います。

えてして全員一致で物事を決めた場合、その案の長所の裏に潜む短所をだれも考えていなかったり、別の案のよさがまったく無視されるということが起こりがちです。

全員一致の結論は、そうした危うさをはらみ、道を間違える可能性があります。そのため、ユダヤ人は「全員一致は否決する」という知恵を持っているといわれています。

会議の司会進行役は、無難な多数意見には疑いの目を怠らず、安易な妥協をしないように注意する必要があります。

●議論中の司会進行役の心得

①話を傾聴し、場の様子を観察する

②中立・公正な態度を守る

③少数意見を簡単に切り捨てない

⑥ "困ったタイプ"のメンバーへの対応策

司会進行役は、出席メンバー全員の参加を促しながら、会議の一体感をつくり上げていく役目を担っていますが、往々にしてそうした流れに逆行するメンバーがいます。代表的な5つのタイプを取り上げて、対応策を考えてみましょう。

●困ったタイプ①――隣どうしで話し出す人

会議の最中に、隣どうしでコソコソ話を始める人がいます。雑談でなく、議案に関係した話をしているときは、ほとんど遠慮している様子はありません。

「全体に表明するほどのことではなく、確認する意味で隣どうしで話しているだけ」といった程度の意識です。

しかし、こうした人ははなはだ迷惑な存在です。司会進行役だけでなく他のメンバーも、「あの2人は何をコソコソ話しているんだろうか?」、「いま出された意見に何か文句があるのだろうか？」と気になってしかたがありません。

「会議では2人だけで話さない」というのも、とても大切なルールです。司会進行役は、コソコソ話をしている人に対して、「2人で話をしていないで、意見があるならみんなの前で発言してください」と、はっきり言うことです。

●困ったタイプ②——何も発言しない人

会議に出ても何も発言せず、下を向いて延々とメモを取っている人がいます。福祉・介護の職場でよく見かけるタイプです。

こういう人は、自分が何でその会議に出席しているのか、しっかり理解していないことが多いように思われます。目的はよくわからないけど、出席するように言われたからその場にいるという意識なのです。

前にも述べたように、会議や研修に出席する際、その目的をしっかり伝えてもらっていない人たちは、極端に参加意識が低くなります。

したがって、会議開催通知を1週間前くらいには出すようにして、今回の会議の目的や議題を事前に通知しておくことで、全員の参加意識を高めておくことが求められます（76ページ参照）。

当事者意識に欠けるタイプばかりでなく、なかには自分に自信がなくて、良い意見を持っていながらそれを発言できない人もいます。

ですから、ずっと黙ってメモを取っている人に対しては、直接指名して意見を聞いてみることです。場合によっては、1人ずつ指名して順番に意見を述べてもらってもいいでしょう。

また、意見が出にくい雰囲気がどうしても解消されない場合、いったん小グループに分かれて意見をまとめてもらう方法も考えられます。

筆者が講師を務める職員研修では、講義の後、必ずグループワーク、グループ発表をしてもらいます。発言に戸惑いや遠慮があった人も、小グループになると活発に意見が言えるようになるものです。

●困ったタイプ③――話が止まらない人

②のタイプとは逆に、どんなことにでも発言したがり、一度話し出したら止まらない人も困った存在です。

会議の冒頭、まだ出席メンバーの緊張がほぐれていないときに、だれかが話の口火を切ってくれるのは、司会進行役としてはとても助かりますが、少し話を聞けば、だいたい何を言いたいのかはわかります。

そこであまり時間を取られると、他のメンバーの貴重な意見を聞けなくなってしまうこともあるので、ずっと1人でしゃべっているような人に対しては、少し控えてもらうように促すことが必要です。

●困ったタイプ④——議論を根底からひっくり返す人

せっかく積み上げてきた議論を、根底からひっくり返すような発言をする人がたまにいますが、これは完全なルール違反です。

会議は議論を積み上げながら進められます。1回の会議で結論が出ないときは、「今日はここまで議論を詰めてきましたが、次回はこれを前提に話し合いましょう」と、メンバー全員で確認したうえで会議が終了します。

それにもかかわらず、次の会議の冒頭、「前回の会議で決めたことは、おかしいんじゃないでしょうか」と言う人がいたら、会議は前に進みません。

こうした発言は絶対に差し控えるべきです。自分の意見を唱える機会は、それまでに十分あったはずですから。

積み上げてきた議論を根底からひっくり返すような発言をする人はだいたい決まってい

て、非常に困った存在です。

ただ、こういうタイプは、その会議に対して何か不満を持っていることがよくあります。メンバーに選ばれたこと自体納得していないとか、会議で自分の存在がないがしろにされている気がしているとか、意見を言ってもなかなか賛同してもらえないといった不満です。司会進行役は、個別にそういう人の話を聞くことも必要かもしれません。

●困ったタイプ⑤——会議が終わってからあれこれ言う人

会議の場では何も意見を言わないのに、会議が終わってからいろいろ文句や批判的なことを言う人がいますが、これも困った存在です。福祉・介護の職場では、少なくないタイプのように思われます。

こうした態度はルール違反であることは明白ですが、司会進行役は、こうした点についても指揮・統制していくことが求められます。

●司会進行役を困らせる５つのタイプ

困ったタイプ１

会議中に隣どうしで
話をしている

困ったタイプ２

何も発言せず
下を向いてメモを取る

困ったタイプ３

話し始めると
止まらない

困ったタイプ４

積み上げてきた議論を
根底からひっくり返す

困ったタイプ５

会議が終わってから
あれこれ言う

⑦ 会議を終えるときに司会進行役が心得ておきたいこと

●会議終了時の心得① ―― 決定事項を出席者全員で確認する

会議では、合意形成（コンセンサス）できたことや、最終的に意思決定されたことが「決定事項」となります。

そして最後に、「この決定で間違いないか、異論がないか」を出席者全員で確認する必要があります。

これは、「この決定は、自分たち出席メンバーが決定したことである」という意識を強く持ってもらうためです。

その念押しがないと、他人事のように何もアクションを起こさなかったり、現場に周知徹底することを怠ったり、挙げ句の果てには、「自分は聞いていない」などと言い出す恐れがあるからです。

決定事項によっては、会議の出席メンバーがすぐに実行に移さなければならないことがあります。

そうしたケースでは、だれが、いつまでに、何をするか、その役割分担を明確にしておかなくてはいけません。

ホワイトボード（120ページ以降参照）などを使って、役割分担を明示し、全員が確認できるようにしておくことです。当然ながら、議事録にもそれを明記します。

●会議終了時の心得②――未決事項、今後の検討課題を整理する

会議ではいつもすんなり合意形成ができたり、意思決定できるとはかぎりません。

メンバーの間で激しく意見が対立して、合意点が見い出せなかったり、時間がなくて議論が尽くせないこともあります。また、話し合いを進めるうちに、新たに議論すべき課題が浮き彫りになることもあります。

こうした点を整理し、議事録（138ページ参照）に明記します。これが、次回の会議での主な議題になります。

●会議終了時の心得③――出席メンバーに感想を述べてもらう

会議の終了時、出席メンバーにその日の会議の感想や意見を簡単に述べてもらうことも、

次回以降の会議をスムーズに進めるために大変有意義なことです。

今日の会議では何がよかったか、何がよくなかったか、それぞれの立場で何かしらの感想や意見を持っているものです。それをできるだけ率直に話してもらいましょう。

ただし、こうした意見や感想を出しにくい状況もあります。たとえば、強力な人事権を持った経営者がその場にいて、発言がその人の評価につながるような雰囲気のなかでは、なかなか本音が出てきません。

司会進行役は、そうした状況を察して、後で個別に聞いてみたり、簡単なアンケート用紙を配って、それに記入してもらうといった方法を選んでもよいでしょう。

●会議終了時の心得④——次回の会議の日程等を調整する

続けて会議を行う必要がある場合は、その日の会議の終了時に次回の会議の日程、時間、開催場所を調整し確定します。

月一度の定例会議のようなものなら、事前に毎月の日程等が決められていることも多いでしょうが、翌月の会議日までに臨時の会議を開く必要がないかどうか、よく考えてみましょう。

●会議終了時の心得⑤――統一したフォーマットで議事録を作成する

会議の議事録は、統一フォーマットをつくって、それを用いましょう。会議や委員会ごとにバラバラのフォーマットだと、後で見返したときに、どこに何が書かれているかを確認するのに骨が折れます。こんなことは、時間と労力のムダ以外の何ものでもありません。

よく見かけるのは、フォーマットは決まっていても、項目があいまいな議事録です。こういう議事録は、記録する人によって記載内容にばらつきが出て、やはり後で見返したときに骨が折れます。

フォーマットを統一するだけでなく、それぞれの項目に書くべき内容がはっきりわかるようなフォーマットにし、できるだけ記録する人の主観が入りこまないようにすることが大切です。

議事録のフォーマット例を次ページに掲げます。日時、場所、出席者、議題だけでなく、司会進行役や記録係も明記しておくとよいでしょう。

この記録係は、議事録作成者ではなく、ホワイトボードなどに議論のプロセスを書き出していく役割の人です。

議事録作成者は、最後に「文責：○○」と自分の氏名を入れておきます。

議事録には、原則、だれがどういう発言をしたかということまで記載する必要はありませ

●議事録のフォーマット例

理事長	常務理事	施設長	課長	主任

会議名	
日時／場所	
出席者	
進行／記録	
議題	1． 2． 3． 4． 5．
内容	（1）決定事項 ● ● ● （2）未決事項 ● ● （3）備考 ●
文責	

ん。決定事項と未決事項を書き出すだけで十分です。

どうしてこういう決定に至ったか、その経緯を詳しく記録に残す必要がある場合だけ、発言記録を載せておくとよいでしょう。

決定事項と未決事項だけが会議のアウトプットです。そこに何も書けないような会議は、開く意味がありません。

●会議終了時の心得⑥——関係する職員に決定事項を伝達する

会議で決定されたことが、関係するスタッフの隅々までに周知されないと、せっかくの会議も無意味になってしまいます。出席メンバーの参加意識が希薄だったり、会議の決定を他人事のように感じていたりすると、周知が徹底されません。

司会進行役は各メンバーに対して、議事録が完成したらその内容を関係するスタッフに漏れなく伝えるよう、念を押しましょう。

column 6

仕事でも役立つ「守・破・離」の教え

歌舞伎などの芸能の世界では、師弟関係のあり方として「守・破・離」ということがよく言われます。

ご存じの方も多いと思いますが、物事を習得するうえで、心・技・体の進むべき段階を3つに分けた教えとして、以下のように定義されています。

- 「守」……師に教えられたことを正しく守りつつ修行し、それをしっかりと身に付けること。
- 「破」……師に教えられ、しっかり身に付けたことを自らの特性に合うように修行し、自らの境地を見つけること。
- 「離」……それらの段階を通過し、何ものにもとらわれない自分だけの境地を開拓すること。

この思想は、単に歌舞伎などの芸能の世界だけでなく、学問や経営、技術の世界も、すべてに当てはまると考えられます。

自分が身に付けるべき仕事については、理論に裏付けされた基本を何度も何度もくり返し、しっかりと自分のものにする。

それが身に付いたら、自分なりの工夫を取り入れて自分独自のものをつくり上げる。そして、自分なりにつくり上げた仕事のスタイルをあらゆる場面で応用していく過程で、融通無碍にどんな状況でも自分を発揮することができるようになる。

こうした段階を経て会得されるものが「暗黙知」といわれるものです。

平成24年に若くして亡くなられた中村勘三郎さんは、平成中村座を立ち上げたり、ニューヨーク公演では、英語で歌舞伎を披露したりして、世間では、型破りの歌舞伎役者と称されていました。

勘三郎さんは生前、あるテレビのインタビューで次のような話をされていました。

「子どものころ何気なく聞いていたラジオ番組で、『型があるから型破り、型がなければ形無し』という言葉を知りました。いまでは、その言葉が自分の座右の銘になっています」

職場の会議でも、このようにしっかりと型をマスターすることで、時に型破りと思えるような斬新で、一種芸術的といえるような運営ができたら素晴らしいと思いませんか。

⑧ 会議に出席するメンバーが果たさなければならない役割とは

出席メンバーの1人ひとりが会議の主役

これまで述べてきたように、会議の運営においては司会進行役が大変重要な役割を担っていますが、会議の主役は、あくまでも出席メンバーの1人ひとりです。

いくら司会進行役ががんばっても、メンバーが協力しなかったら孤軍奮闘に終わり、会議はまったく機能しません。

選ばれたメンバーが会議に出席し、自分の役割を果たすのは当然のことといえますが、なかなか実践されていないのではないでしょうか。

前述した遅刻者や途中離席・退席者は、どれだけ真剣に議論に参加することができるでしょうか。そうした人がいても、たいした弊害にならないのであれば、その会議自体があまり意味のないものといえるでしょう。

会議に出席するメンバーは、自分が関係部署からとくに選ばれた人間であるという自覚を持たなければなりません。また、「自分はこの会議を構成する一員だ」という当事者意識を強く持つことが求められます。

こうした意識をきちんと持っている人は、会議の目的を把握し、事前に議案に対する意見や関連情報を整理して会議に臨みます。

一方、自分がメンバーに選ばれたから仕方なく会議の席に座っているような人は、自分の意見を言うこともなく、ただ下を向いて延々とメモを取るだけの存在になりがちです。

前者のような存在が1人でも多くいることが、会議を盛り上げ、良い成果をもたらすことにつながるのは明らかです。

●当事者意識を持ってもらうために1人ひとりが役割を担う

司会進行役に対して、ほかのメンバー全員がまったく並列という図式になると、当事者意識が希薄になり、沈滞ムードが漂うことになります。

こうしたことを防ぐ最もよい方法は、会議中メンバーに何らかの役割を担ってもらうことです。代表的なものとして、議事録作成者（書記）や議事進行のタイムキーパーが思い浮かぶと思います。

ただ、議事録作成者が延々とメモを取るだけの存在になってしまい、会議にまったく参加しなくなるのも問題です。議事録作成者も、積極的に話し合いに加わって意見を表明し、その合間にメモを取るくらいがよいと思います。

またタイムキーパーも、「あと10分です」とか言うだけの存在をよく目にしますが、これでは1人の人間が担うほどの役割ではありません。

タイムキーパーは時計役ではなく、時間を管理するのが役割ですから、時間どおりに会議が開けるよう、出席メンバー全員に働きかけるといった仕事もすべきではないでしょうか。

こうした、いわばオフィシャルな役割だけではなく、会議を円滑に運営するうえで、ムードメーカーのような存在がいると、会議の雰囲気はまるで違ってきます。

メンバーが集まったばかりで、まだ全員の緊張がほぐれていないときに、ちょっとした冗談を言って場を和ませたり、会議中、個人攻撃になっている意見をやんわりとたしなめたり、批判的で後ろ向きの意見が全体のムードに影響しないよう、うまく無力化したりすることができる存在は、司会進行役にとって非常にありがたいものです。

また、司会進行役がいくら問題を提起しても何ら反応がない場面を経験したことがあると思いますが、こうしたときに、意見が出てくるように周りに働きかけてくれる存在もありがたいものです。

⑨ 実りある話し合いにつなげる発言のポイントとは

●何も発言しないのは罪である

会議で最初から最後まで、まったく発言しない人がいます。

先に司会進行役から見た〝困ったタイプ〟にもあげておきましたが、メンバー全員を巻き込んで会議を盛り上げようと苦労しているときに、こういう人がいると、ほとほと困ってしまいます。

なかには、「影響力のある○○さんの発言で、だいたい結論は決まってしまうから、自分が発言しなくても……」と考えている人も多いようです。

「発言はしないけど、自分は何も会議の邪魔はしていない」と、自分を正当化している人がいるとしたら、考え違いもはなはだしいと言わざるを得ません。会議で発言しなければ、その人の存在価値はまったくないということを肝に銘ずるべきです。

会議進行の助けになる情報を積極的に提供する

福祉・介護の職場で行われる会議は、現場の業務改善や利用者サービスの向上を目的としたものが多いと思いますが、こうした問題については、現場の職員が一番現状をつかんでいます。

会議で実効性のある結論を導き出すには、まず、現場で何が起きているかを正しく伝えることがスタートになります。

「こんな話をしてもしょうがないだろう」とか、「このことは、もうみんな知っていることだから……」と勝手に判断せず、できるだけ多くの情報を会議の土俵に上げることが大切です。

また、部署の代表として会議に出席する場合は、そこで自分個人の意見だけを言えばいいというものではありません。同じ部署の他のメンバーの意見も交えなければ、部署の代表の役割を果たしているとはいえません。必ず、会議の前に他のメンバーから話や意見を聞いておくようにしましょう。

事実と意見を明確に分けて発言する

筆者はこれまで、会議の場でたくさんの発言を聞いてきましたが、多くの人が知らず知らずのうちにやっている顕著な問題があります。

それは、「客観的な事実と主観的な意見をごちゃまぜに話している」ということです。

たとえば、こんなケースです。

「今年度、国の助成金を使って職員研修を実施しようと考えています。助成金では職員1人につき10万円が助成されるので、かなり本格的な研修ができると思います」

「ああ、それ知ってる。ある人から聞いたけど、使いにくいって話だよ」

会議でも、こうした主観的な発言が多いものです。

「使いにくい」のが客観的な事実であれば、エビデンス（証拠）を示すことが必要です。

多くの会議は、客観的な事実を積み上げ、その事実に基づいて結論を導く活動です。

発言者の好き嫌いとか、都合の良し悪しというのは、どうでもいい話なのです。

にもかかわらず、主観的な意見ばかりが横行し、客観的な事実を検証して所感を表明するというような意見がきわめて少ないように感じます。

介護・福祉の世界では、利用者の主体性、個別性ということが非常に大事にされますが、それが会議の場にも影響し、必要以上に主観的なものを大事にする傾向も感じられます。

会議はまず事実からスタートしなければなりません。主観的な意見をいくら積み上げても、そこから組織の決まりごとを導き出すのは不可能です。

メンバーへの意識付けのために、ホワイトボードを使って、出てきた発言を「客観的な事実」と「主観としての意見」とに分類してみましょう。自分たちの発言を客観的に知ることができます。

Part 5

福祉・介護の職場で行われる主な会議の実施ポイント

どの職場でも、さまざまな名称の会議や委員会があると思います。Part 5 では、多くの職場で設置されている、①利用者申し送り、②リーダー会議、③職種間会議、④行事企画会議、⑤リスクマネジメント委員会を取り上げ、その実施ポイント、現状の問題点や改善点などについて、5W1H の観点から説明します。それぞれの職場でも、いろいろ創意工夫されていると思いますが、参考にしてください。

①「利用者申し送り」の実施ポイント

「申し送り」とは、看護・福祉介護職の勤務交代時の引き継ぎのことで、多くの医療、福祉・介護の職場で行われているミーティングです。

最近、筆者は福祉・介護の職員向けに「効率的な会議の進め方」をテーマにした研修を行っています。最初に私が講義をして、それを聞いたうえで自分たちの会議・ミーティングの改善点についてグループで話し合ってもらうというものですが、結構、この申し送りが討議の対象になります。

利用者（患者）申し送りの実施ポイント、問題点等を5W1Hの観点で見ていきましょう。

①Why——何の目的で行うのか？

勤務を交代するスタッフが、利用者や患者の前日夜間の様子やその日の体調、病状を知り、その日の利用者サービスで注意すべきことを確認するために行います。スタッフ間で利用者情報を共有する場として、このミーティングは大変重要視されています。

職場によっては、出勤者全員が顔合わせをする「朝礼」を兼ねている場合もあります。そこでは、利用者情報の共有だけでなく、管理者・責任者からの朝の訓示や挨拶があったりします。全員で経営理念を唱和している職場もあります。

②What——何を決めるのか？　何を話し合うのか？

①の目的でわかるように、何かを話し合ったり、決定する場ではありません。主に利用者情報を共有する情報伝達のミーティングです。

③Who——だれが参加するのか？

交代で出勤してきた職員全員が参加するのがふつうですが、全員が集まることが効率的か、吟味してみる必要はありそうです。

④Where——どこで行うのか？

通常は、事務室かステーションで行われます。問題はその間、現場にスタッフが不在になり、利用者に目配りができない空白時間が発生してしまうことです。

事務室等に集まって行うやり方がほんとうにベストか、検討してみてください。

最近病院では、病室を回りながら必要に応じて患者さんの申し送りをしているところも多くなってきました。こうしたやり方だと、患者や利用者を見守りながら情報の共有も同時に行うことができます。

⑤When――いつ、どのくらいの時間行うのか？

朝一番の8時30分とか9時にやるケースが多いようです。24時間サービスの入所施設などは、朝だけでなく、夕方夜勤者が出勤してきたときも実施しています。

だいたい長くても30分以内というところが多いようです。1回30分でも朝夕2回やると1時間です。毎日1時間、多くのスタッフがこの時間を申し送りに使っています。

⑥How――どのように進めるのか？

意思決定の場ではないので、話し合って結論を出すようなことはありません。1人の申し送り責任者が、交代で出勤してきた職員全員に一方通行的に情報を伝えるやり方が一般的です。

そのときに、申し送り責任者がメモを読みながら話し、聞くほうはその内容をひたすら聞いていることが多いものです。

前にも紹介したように、話の内容は7％しか伝わらないというデータがあります。声が小さかったり、話の要領を得ないとき、どれだけ伝わっているのか疑問に感じることもあります。

申し送りの内容をホワイトボードに書いたり、自分のメモを出席メンバー全員に配布するなどして、耳と目の両方で確認できる工夫が必要だと思います。

この「利用者申し送り」だけでなく、福祉・介護の職場では、この種の一方通行的な会議やミーティングが多く行われています。

こうした会議・ミーティングを見ていると、はたして関係するスタッフ全員が1か所に集まってやらなければいけないのかという疑問も湧いてきます。

ある社会福祉法人・施設で先述の研修を行ったときに、次のような意見が出てきました。

「勤務シフトの都合上、私は申し送りに出ないことが結構ありますが、実際、不便を感じたり、情報が漏れたりすることはほとんどありません。なぜなら、勤務を開始するときに、前日夜間の記録を読めばほとんどの情報は得られるからです。このような申し送りはなくてもよいし、必要ではないように思います」

私は、非常に良い意見だと感心しました。

「昔からやっているから」とか、「他のどの施設・事業所でも当たり前にやっているから」と、儀礼的に行われている会議やミーティングがほんとうに必要かどうか、ムダな時間になっていないかどうか、吟味するのはとても大事なことです。

いまは、メールを使った情報伝達の方法もありますし、パソコンに表示しておいて、出勤したらそれに目を通すだけでも目的は達成できるかもしれません。

②「リーダー会議」の実施ポイント

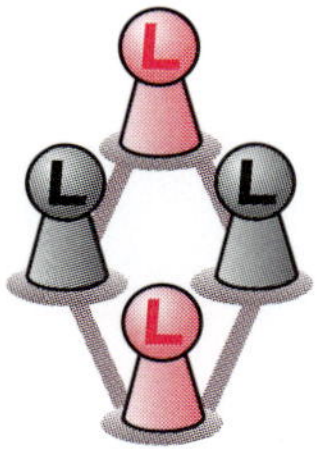

たとえば、特別養護老人ホーム等の入所施設でフロアのリーダーを務めているスタッフが集まった会議が「リーダー会議」です。

どのレベルのリーダーを集めるかは、職場によって違うでしょうし、「主任会議」とか「フロア会議」、「責任者会議」など、その機能は同じでも会議の名称はさまざまだと思います。

いずれにせよ、現場のリーダーを招集して行われるのが「リーダー会議」で、その実施ポイント、問題点等を、５Ｗ１Ｈの観点で見ていきましょう。

①Ｗｈｙ――何の目的で行うのか？

現場を担うリーダーの会議なので、目的は、利用者サービスの向上であったり、現場の業務改善であったり、業務の標準化や平準化だったり、事業所の方針に対する意識統一であったりと、多岐にわたります。

それにもかかわらず現実は、会議の目的がはっきりせず、「リーダーに昇進したから会議に出るようにと言われたが、その目的については聞かされていない」とか、「過去の議事録を見ても、いったい何の目的でリーダーが招集されているかよくわからない」といった話を聞くことが多いように思います。

結局、リーダーが集まって、それぞれが担当している利用者の噂話や雑談で終わってしまう会議も少なからずあります。

会議というものは経営の一端なので、組織がしっかり構築されていないと、それぞれの会議の目的もあいまいなものになりがちです。

まず、組織の規程のなかにリーダーの役割が具体的に明記されていて、それが〝絵に描いた餅〟になっていないことが大前提です。リーダーの役割がはっきりしていれば、リーダー会議の目的も組織内で共有されるようになります。

②Ｗｈａｔ――何を決めるのか？　何を話し合うのか？

議案が利用者サービスの向上であれ、業務改善や業務の標準化・平準化であれ、方針に対する意識統一であれ、この会議は、必ず何かを決定する会議でなくてはいけません。

また、会議で決まったことが、明日からの現場の運営に生かされなければ、リーダーを招集する意味がありません。

③Who――だれが参加するのか？

現場で「主任」と呼ばれているような、フロアや部署のリーダーが参加する会議が多いようですが、介護職全体の責任者や医務全体の責任者の会議が行われる場合もあるかと思われます。訪問介護事業所の場合は、サービス提供責任者が組織運営のリーダーを任されていて、サービス提供責任者が集まる会議が開かれたりします。

また、2～3回に1回は、メンバーより上位の管理職や経営層にも入ってもらい、自分たちが決定できない課題について相談したり、意思決定してもらうことも必要になってくるかもしれません。さらに、まったくの第三者に入ってもらって会議の運営方法を改善することも、ときには大事でしょう。

そうした調整は、当然ながら司会進行役の役目です。

④Where――どこで行うのか？

現場のリーダーは毎日多忙です。そのため、前述したように、会議中に現場のスタッフが呼びに来たり、携帯電話に連絡があったりして、割り込みが入る可能性が高いといえます。

こうした割り込みで会議が中断しないよう、できるだけ現場から隔離された、議論に集中できる部屋で行うことです。

また、安易に現場から割り込みされないよう、たとえば、「利用者の命の危険や行方不明などの緊急時のみの連絡に限る」といったルールをつくって、それを周知徹底させる必要もあると思います。

⑤When——いつ、どのくらいの時間行うのか?

多忙なリーダーなので、長々現場を留守にするわけにはいきません。だらだらと時間をかけるのは止めるべきです。たとえば、1時間で1議案のみ議論して、結論を出すといったやり方がよいでしょう。

会議に2時間以上かけて、有効なアイデアが生まれるということも考えにくいと思います。

⑥How——どのように進めるのか?

まず司会進行役ですが、同じリーダーどうしで役割・責任も同等なので、「持ち回りでやりましょう」といった安易なケースも多いようです。

しかし持ち回りでは、以前議案として上がっていたものが、司会進行役が変わっていつの間にか立ち消えになってしまうということも起きがちです。

会議の責任の所在が不明確になってしまうのを防ぐために、司会進行役は専任で行うのが望ましいと思います。

先述のように、リーダー会議は意思決定を目的にしたものなので、出席メンバーは「必ず1つは結論を出す」という心構えを持って会議に臨むことが大切です。時間も限られているので、司会進行役は事前にある程度の落としどころを考えておかなければなりません。

そして、会議の結論が出たらそれで終わりでなく、「その案で決定したら、現場で何か問題が起きないか」という検討が必要です。そして、出てきた意見によっては、結論を修正していくような柔軟性が求められます。

③「職種間会議」の実施ポイント

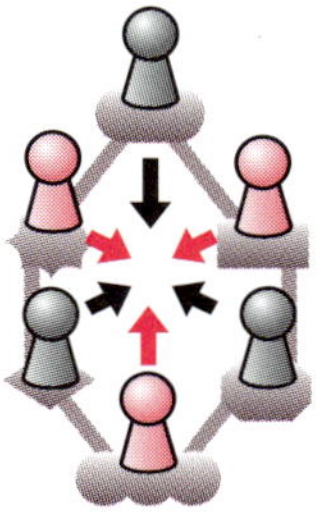

訪問介護事業所のように、基本的に介護職だけが働いているような職場では、あまり行われませんが、さまざまな専門職種の職員が働く比較的大規模な施設などでは、仕事の足並みを揃えるために、異職種のメンバーが集まって「職種間会議」が行われます。

①Ｗｈｙ――何の目的で行うのか？

異職種間の情報共有や組織としてのサービス提供方針のすり合わせが主な目的です。ときには、職種間の協働について話し合いが行われるケースもあります。

②Ｗｈａｔ――何を決めるのか？　何を話し合うのか？

基本的には、情報共有のための報告が主流で、会議で何かを決定する場面は少ないように思います。しかしこの会議は、議案の設定次第では大きな可能性を持っています。

専門職集団は、自分の専門分野で垣根をつくってしまう傾向があり、職場内にセクショナリズムがはびこる危険性を含んでいます。

それを打破し、組織の風通しをよくするために、単なる情報共有から一歩踏み込んで、職種間の協働による業務の効率化や生産性向上に着眼した議案を設定することを視野に入れるとよいでしょう。

③Who――だれが参加するのか?

各職種のリーダーかサブリーダーが1名ずつ出席する形式がよいでしょう。実情を見ると、関係者をできるだけ多く集めたがる傾向がありますが、これは非効率です。

職種の代表者1人が責任を持って出席し、責任を持って議論し、責任を持って自部署に情報を伝達するということが大事だと思います。

④Where――どこで行うのか?

リーダー会議と同じように、できるだけ現場から離れて、議論に集中できる部屋で行う必要があります。

⑤When——いつ、どのくらいの時間行うのか？

リーダー会議同様、メンバーがあまり長時間現場を留守にするのは避けなければなりません。だらだら時間を使わず、1時間程度で目的を絞った議事進行を心がけましょう。

⑥How——どのように進めるのか？

多職種が共通認識に立てるような情報共有に務めることが大事だと思います。

また、リーダー会議と同じく、司会進行役が重要な役割を担います。安易に持ち回りなどで、会議の成果に対する責任が不明確になることに注意しなければなりません。

職種間で、上下関係や力関係が決まっていて硬直化している場合は、司会進行はその上の立場の人、たとえば、経営層が行うことにより調和が図られるようになります。

●ある特別養護老人ホームの組織と職種間会議メンバー

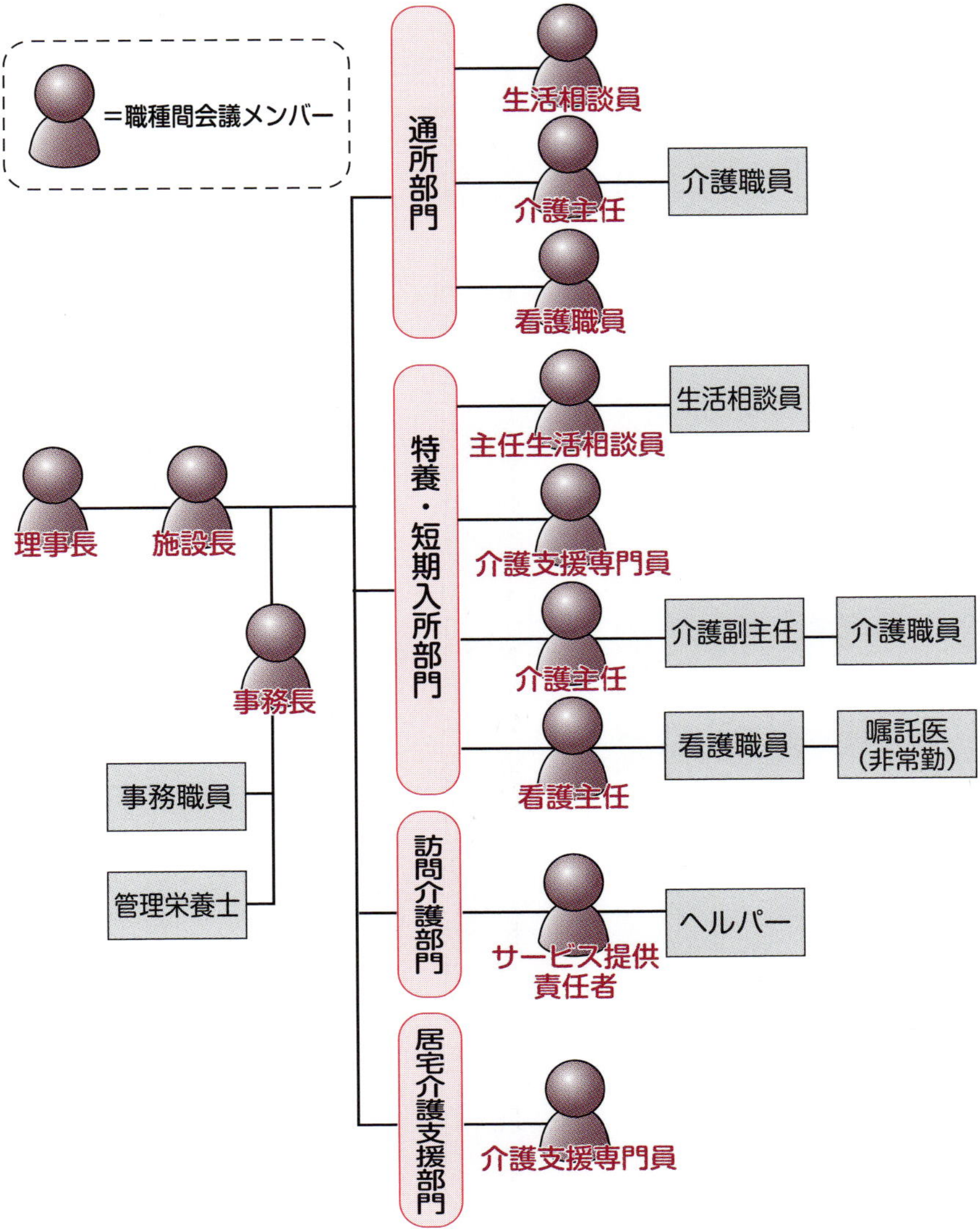

④「行事企画会議」の実施ポイント

福祉・介護関係の施設や事業所では、利用者の生活に潤いをもたらしたり、地域と交流したり、福祉・介護のノウハウを地域に還元する目的で、さまざまな行事が行われます。

春のお花見や、夏の盆踊り、秋の紅葉狩りなど、毎年季節ごとに決まって行われる行事もあります（左ページの例参照）し、職員のアイデアや利用者の希望で新しい行事が企画されることもあります。

こうした行事の実行に向けて活動するのが「行事企画会議」です。

①Why——何の目的で行うのか？

利用者や地域住民に喜んでもらえるような企画を考え、内容を検討し、実施の後の反省まで行うことが会議の目的です。

利用者はそれぞれの趣味・嗜好があり、身体状況や精神状態、持病等も人によって異なり

●利用者向けの年中行事予定表の例

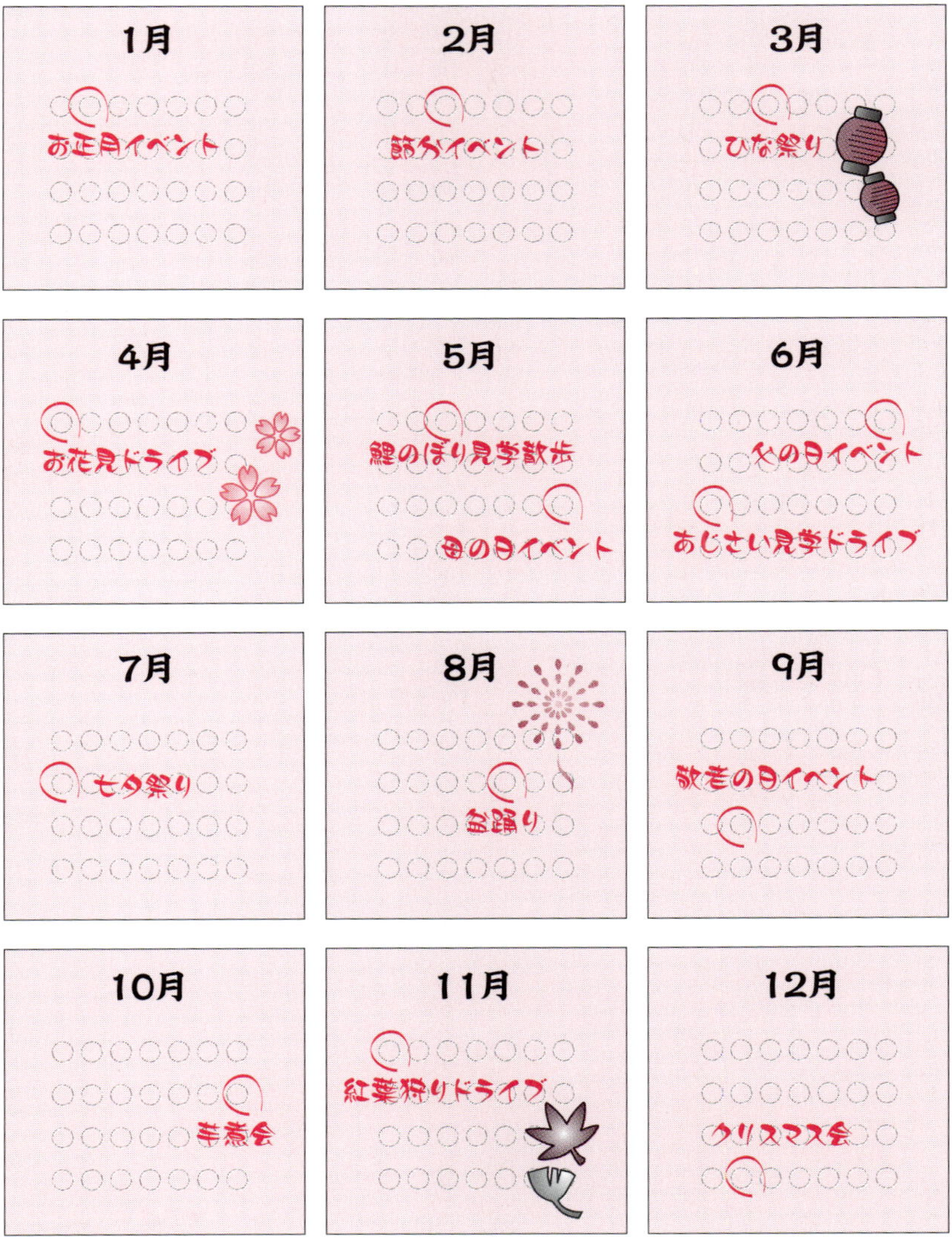

ます。こうした状況を考慮し、安全・安心な環境に配慮しながら、多くの利用者に喜んでもらえるような行事を企画・検討することが求められます。

②Ｗｈａｔ――何を決めるのか？　何を話し合うのか？

行事の日程や準備の段取り、行事当日のタイムスケジュールやその行事にふさわしい食事の献立、職員の役割分担、事故発生時の緊急連絡体制などを細かく決めていきます。

年中行事の場合は毎年実績があり、それを参考にできますが、まったく新しい行事を行う場合は、利用者や家族にアンケートして希望を聞くところからスタートするケースも多く、年中行事よりさらに時間や労力がかかります。

③Ｗｈｏ――だれが参加するのか？

各部署のスタッフが持ち回りで行事委員に任命され、そのメンバーで会議が行われるケースが多いようです。また、レクリエーションを専門に勉強しているスタッフが中心となって会議が開かれるケースもあります。

ただ、意思決定を伴う会議なので、単にレクリエーションに詳しいというだけでなく、会議の運営手法に長けたメンバーが司会進行役として関わるべきです。

また、予算が発生するので、財務的な決裁権限を持った人の参加も必要になるでしょう。

④Where――どこで行うのか？

他の会議と同じく、議論に集中できる部屋で行う必要があります。

⑤When――いつ、どのくらいの時間行うのか？

たいていの行事は年中行事化して開催日もある程度決まっていますが、日常業務のルーチンワークではないので、約2～3か月前からの準備が必要になります。

1回1回の会議では、メンバーがあまり現場を留守にするのは避けたほうがよいと思います。2時間、3時間と時間をかけても、独創的なアイデアが生まれてくるわけではありません。1時間程度に設定し、そのなかでこまめに決定事項を積み重ねていくやり方がよいでしょう。

⑥How――どのように進めるのか？

限られた時間のなかで話をどんどん前に進めていくには、話し合いのたたき台となる企画書がしっかり練られていることが重要です。

企画書を作成するのは、毎年持ち回りであったり、レクリエーション専門の職員が担当したりしますが、会議では、それを説明したうえで、さまざまな状況を想定しながら内容を検討していくことになります。年中行事の場合は、前年の企画書をベースに一部見直しや追加を入れる程度で済む場合が多いでしょう。

企画書の出来がよければ、会議での検討もスムーズに進み、そう時間をかけずに、いろいろなことを決定していくことができます。しかし、たたき台となる企画書がないと、会議は難航します。

先日、ある介護施設の施設長から行事企画会議に出席したときの話をお聞きしました。

会議に出てみると、何の資料の用意もなく、司会進行役は出席メンバーに向かっていきなり、「毎年恒例の○○の行事について検討したいんですが、みなさん何か意見はありませんか?」と言ったそうです。

「会議を開くのに、まったく何の準備もしていないんですよ……」と、その施設長はあきれた様子で筆者に愚痴をこぼしていました。

案の定、その会議は頓挫してしまったとのことです。

こうした年中行事が議案の場合、企画書の準備もなく、「何か意見はありませんか?」というところから会議を始めるようでは、時間がいくらあっても足りません。

⑤「リスクマネジメント委員会」の実施ポイント

福祉・介護関係の施設や事業所では事故による訴訟も増えてきて、最近は多くの職場で「リスクマネジメント委員会」や「事故防止委員会」といったものが設置されるようになってきました。

①Ｗｈｙ——何の目的で行うのか？

利用者に対して安全・安心なサービスを提供するために、事故の防止策などを検討し、決定し、それを施設・事業所に根付かせることを目的に開かれます。

②Ｗｈａｔ——何を決めるのか？　何を話し合うのか？

事故の防止では、発生した事故事例を分析し、その原因を究明し、同じような事故を起こさないように、現状の何をどう変えるかを決定します。

何か事故が起きると、当事者の意識や注意力、判断力、能力などが問題視されがちですが、個人の問題ではなく、組織・システムの問題として考えるべきです。

したがって、組織風土も含めた体制・システムを見直すことが重要なポイントになります。

事故を分析し、その原因を究明するためには、現場の知識だけでは不十分で、事故分析手法を学ばなければなりません。

最近では、業界団体主催の「リスクマネジメント研修」はどこも盛況です。こうした研修に参加した職員が内部講師となって、学んできた内容をメンバーに伝える勉強会などもやる必要があると思います。

最近は損害保険会社でも、福祉・介護分野のリスクマネジメントに詳しい社員を配置しています。契約している損害保険会社からそうした社員を派遣してもらって勉強会を開くのもいいでしょう。また、この分野に詳しい弁護士に来てもらって判例等を勉強するのも非常に有効です。

③Ｗｈｏ――だれが参加するのか？

事故が発生すると、訴えられて裁判になるケースもあります。こうした経験を共有しておくためには、事故が発生したときに家族への説明や交渉の窓口になっている人間が会議のメンバーに入っていることが必要でしょう。

また、単なる現場のベテランという域に留まらず、先述のような外部研修を受けたことのあるメンバーを少なくとも1人は入れるべきです。

④Where――どこで行うのか？

この会議も、できるだけ現場から離れて、議論に集中できる部屋で行う必要があるでしょう。

⑤When――いつ、どのくらいの時間行うのか？

分析が十分であれば、1件の事故に対して1時間程度で改善策が出てくると思われます。十分な分析と資料を準備して1時間程度で結論を出すようにしましょう。

⑥How――どのように進めるのか？

会議で成果を出すためには、しっかりとした事故分析をもとに、今後どうするかという落としどころを準備しておかないと何も決まらないものです。

こうした性格の会議・委員会は事前準備がすべてと考えておいたほうがいいでしょう。

事故の分析手法はいくつかありますが、ここでは医療現場で代表的な「ＳＨＥＬ分析」についてて紹介します。

ＳＨＥＬ分析は、事故の当事者本人の責任に帰結することなく、左ページにあげた４つの視点で、なぜ事故が起きたのかを幅広い視野で検討し、対策を立てるというものです。

なお、「ＳＨＥＬ」とは、この４つの要素の頭文字を取って名づけられています。

174〜177ページに紹介しているのは、ある介護施設で起きた事故を、ＳＨＥＬ分析の手法で原因分析し、対策を立てた事例です。

こうした重大事故だけではなく、「ヒヤリ・ハット」（事故にはならなかったもののヒヤッとしたりハッとした事象を報告書に上げたもの）事例も分析することで、事故が起きにくい組織風土をつくり上げていくことができます。

●「SHEL」による事故分析

S：software ソフトウェア	サービス内容などシステムの運用に関わる形にならないもの
【例】職場の習慣・前例・サービス方針、職場の教育体制、手引書・マニュアル、利用者に関する情報等	
H：hardware ハードウェア	設備、機械、器具、備品、備品の配置等
【例】車椅子、機械浴槽、電気設備、ガス設備、消防防災機器、水道設備等	
E：environment 環境	物理的環境だけでなく、仕事や行動に影響を与えるすべての環境要素
【例】採光、温度・湿度、騒音、空気清浄、衛生、器材の保管場所、業務範囲、労働条件、勤務時間、職員配置、労働条件、職場の雰囲気等	
L：liveware 人	事故にかかわった当事者、および当事者以外のスタッフ、利用者、家族等
【例】体調、精神状態、勤務形態、注意力、観察力、経験年数、上司の指導力等	

●「事故報告書」の例

事故報告書

報告内容	利用者の○○○○氏が大判焼きを誤嚥した結果、意識消失し死亡した。
報告年月日	平成○年○月○日
報告者	主任介護士　○○○○
事故者氏名	○○○○氏
ご家族	長女のＫさん
事故発生状況	日時　平成○年○月○日（　）　午前11時15分 利用者の○○○○氏が大判焼きを喉にひっかけ心停止となり、当日死亡した。

発生後の対処および経過

①14:00頃　介護士Ａが食堂で、○○氏本人におやつの大判焼きを手渡す。本人に「食べられますか？」と尋ねると、本人がうなずいたため手渡す。普通に食べている様子を確認し、居室への水分補給に入る。そのとき、別の介護士Ｂは食堂でお茶を配っている。

②14:10　利用者Ｎさんが本人の足元付近にあんこがこぼれていることを介護士Ｂに伝えてきたため、床をふき取ろうとしたところ、○○氏本人はうつむき加減であり、寝ていると判断。介護士Ｂは、極刻みの利用者なので大判焼きは渡していないと判断した。当日はトイレ介助の立位も２人で行わなければ介助できないほどの状態であったため、体調が良くないものと判断した。

③14:15　介護士Ｂが音楽をかけ、体操を始めようとしたところ、○○氏本人の状態が傾いており、顔色が違うことに気付く。す

「事故報告書」の例（つづき）

ぐに他フロアの３人を呼ぶ。

④ 介護士Ｂがチアノーゼを確認したため誤嚥でないかと判断する。タッピングと口腔内残滓物のかき出しを行う。このとき、粘着状のもの（あんこ、唾液、胃液）が出る。掃除機による吸引を行うがうまくいかない。

⑤ 看護師がタッピング、吸引、酸素吸入を行うが、呼吸停止しており、肺蘇生術を行う。異物は取り出せなかった。

⑥ 14:25　救急車要請するとともに家族へ第１報する。おやつが詰まり救急車で搬送すること。搬送先は現時点では確定していないため、決まり次第連絡することを伝える。

⑦ 14:40　救急車到着。救急隊員が蘇生術を施行する。一次蘇生するが、再度心停止。

⑧ 14:50　救急車出発。介護士Ｂ付き添う。救急車の中でもいったん蘇生する。

⑨ 15:14　救急車が市立Ａ病院到着。救急救命室で処置を受ける。

⑩ 家族（嫁）が到着する。CT検査と病棟が決まるまで介護士Ｂが付き添う。

⑪ 何かあったら連絡いただくよう、ご家族に託して、事業所に戻る。

⑫ 18:00　介護士Ｂが長女Ｋさんに連絡すると本人の自発呼吸があるとのこと。

⑬ 20:30　長女Ｋさんより19:55に永眠された旨、事業所に連絡が入る。

⑭ 翌日　11:30　長男氏より「話がわかる人はいるか」との連絡が入る。窓口はリスクマネジャーに一本化する方針であるので、長女Ｋさんと日程調整し、翌日14:00に状況説明に伺う約束をする。

「事故報告書」の例（つづき）

家族への連絡	上記参照
その他	●要介護度　３ ●既往歴：脳梗塞　認知症　高血圧　糖尿病 ●移動：車椅子（多少自走可） ●食事動作：見守り（嚥下障害あり） ●食事形態：極刻み食　水分とろみ必要なし ●意思疎通：日常会話なし。嫌なときの意思表示はできる ●利用形態：ショートステイ利用２日目

●SHELモデルによる「事故原因分析シート」の例

事故内容	利用者の○○○○氏が大判焼きを喉にひっかけ心停止となり、当日死亡した。
SHEL	**要因**
S（ソフトウェア）	①ショートステイ利用者のＡＤＬ状況や注意事項がわかりづらい。 ②朝のミーティングでの職種間、職員間相互の情報不足。 ③緊急時のマニュアルがない。
H（ハードウェア）	①掃除機による吸引がうまくできなかった。
E（環境）	①利用者の情報が遅番、夜勤に伝わりにくい。
L（人）	当事者――①フロアに30人近くの利用者がいたにもかかわらず、職員が１人だった。 当事者以外――①フロアに一時的であっても職員が無人のときがある。 ②嚥下障害のある利用者が多い。 ③救急時の対応ができない職員が多い。

column 7

職場環境を改善する「5S運動」のすすめ

「5S（ゴエス）運動」という言葉を、お聞きになったことはありますか。

これは、日本企業が考え出した、職場環境改善運動で、「カイゼン」などと同様、すでに世界共通語になっています。

「5S」とは、次の5つの言葉の頭文字Sから取ったものです。

「整理」：いるものといらないものを分けていらないものを捨てること。

「整頓」：決められたものを決められた場所に置き、いつでも取り出せる状態にしておくこと。

「清掃」：常に掃除をして職場（事業所）をキレイな状態に保つこと。

「清潔」：右の3つのSを保つこと。

「躾」：決められたルール・手順を正しく守る習慣をつけること。

この運動は当初、製造業の職場・工場内を事故のない、安全で効率的な環境に保つために始められたものですが、現在では、医療機関でも広く実施されています。

5つの言葉を見ていると、1人ひとりが自分のためではなく、他人のことを考えて、働きやすくしましょうという精神が見えてくるような気がします。昔、日本では働くことは「傍（はた）を楽（らく）にする」ことだと言われてきました。

福祉・介護関係の施設や事業所では、利用者の生活環境を安全・安心に保つことが、とても配慮され、利用者の居室などの生活空間は、清潔に整理・整頓されています。また、利用者宅を訪問して掃除をしたり、整理・整頓することも多いかと思います。

しかし、職員の仕事スペースも同様の環境が保たれているでしょうか。仕事を効率的に行うためには、複数の人間がかかわる事業所内の事務スペースにも、「５Ｓ」が必要になります。

参考文献

●『会議の技法』（吉田新一郎　中公新書）

●『会議の開き方・すすめ方・まとめ方』（安達勉・澤田直孝・福山穣　実務教育出版）

●『マネジメント活性化のすすめ』（大枝秀一　マネジメント社）

●『リーダーシップの本質』（堀紘一　ダイヤモンド社）

【監修者】
株式会社 川原経営総合センター
1968年の創業以来、医療・福祉・介護業界に特化した経営コンサルティングサービスを展開（最近の15年間で延べ2000社の社会福祉法人・施設の経営コンサルティング実績）。
厚生労働省、全国社会福祉協議会、各都道府県社会福祉協議会、介護労働安定センター、東京都保健福祉局等の福祉行政からの調査委託、研修事業を多数受託。
[所在地・連絡先]
〒104－0061　東京都中央区銀座８－11－11　ＴＫ銀座８丁目ビル
☎：03－3289－0875
Fax：03－3289－0869

【著　者】

大坪信喜（おおつぼ のぶよし）

1957年、福岡県生まれ。福祉マネジメントラボ　代表。大手電機メーカー（富士通）等でシステムエンジニアとして勤務した後、福祉の世界へ。神奈川県内特別養護老人ホームの事務長、山形県内老人保健施設の事務長、新潟県内軽費老人ホームケアハウスの施設長を歴任し、1999年から2015年3月まで株式会社川原経営総合センター 福祉経営コンサルティング部 シニアコンサルタントとして社会福祉法人、介護事業所の経営コンサルティングに従事する。

年間50回以上の業界向け講演、セミナーの講師、川崎医療福祉大学医療福祉マネジメント学部非常勤講師を務める一方、全国社会福祉協議会発行の雑誌等への寄稿多数。

「厚生労働省指定 社会福祉施設長資格」「東京都福祉サービス第三者評価者」の資格を有する。

福祉・介護の職場改善

会議・ミーティングを見直す

2013年6月10日　初版第1刷発行
2017年4月10日　第2版第2刷発行

監修者　株式会社 川原経営総合センター
著　者　大坪信喜
発行者　小山隆之
発行所　株式会社 実務教育出版
東京都新宿区新宿1－1－12　〒163－8671
☎ 編集 03－3355－1812　販売 03－3355－1951
振替 00160-0-78270
DTP　ブックファーム
印　刷　シナノ印刷株式会社
製　本　東京美術紙工

ISBN 978-4-7889-0310-4 C 2034